AF366490

TABLEAUX HISTORIQUES

DES PRINCIPAUX ÉVÉNEMENTS

DES

RÉVOLUTIONS DE FRANCE

DE 1789, 1830 ET 1848

50 MAGNIFIQUES PLANCHES IMPRIMÉES A DEUX TEINTES

Exécutées d'après les premiers Artistes

PAR LES GRAVEURS ASSOCIÉS

BABA ET GÉRARD, DUJARDIN, FAGNION, HÉBERT, LOISEAU,
SOYER, TRICHON, ETC.

RÉVOLUTION DE 1848

12 LIVRAISONS, A 25 CENTIMES CHACUNE, CONTENANT UNE PLANCHE
AVEC TEXTE EXPLICATIF

ON SOUSCRIT, A PARIS

RUE DU HASARD-RICHELIEU, 4

Chez les Dépositaires de Publications pittoresques

DANS LES DÉPARTEMENTS ET A L'ÉTRANGER, CHEZ LES PRINCIPAUX LIBRAIRES

TABLEAUX HISTORIQUES

DES PRINCIPAUX ÉVÉNEMENTS

DES

RÉVOLUTIONS DE FRANCE

DE 1789, 1830 ET 1848

EN MAGNIFIQUES PLANCHES IMPRIMÉES A DEUX TEINTES

EXÉCUTÉES D'APRÈS LES PREMIERS ARTISTES

PAR LES GRAVEURS ASSOCIÉS

BARA ET GÉRARD, DUJARDIN, DUMONT, FAGNION, HÉBERT,

LOISEAU, PIAUD, SOYER, TRICHON, ETC.

PROSPECTUS

L'ouvrage que nous annonçons aujourd'hui n'est point une de ces œuvres de circonstance que le même jour voit éclore et mourir; le projet en était depuis longtemps conçu et arrêté, le prospectus allait en être publié quand l'aurore de liberté qui s'est levée sur la France est venue lui donner un intérêt d'actualité qui devait être pour nous un nouvel encouragement. Une importante modification a seulement été apportée à notre plan; nous ne devions retracer que les principaux faits accomplis dans les révolutions de 1789 et de 1830; le troisième acte de cette terrible trilogie est venu se joindre à ses aînés, non moins héroïque, mais plus noble encore, plus généreux, et, nous en avons la ferme confiance, plus fécond en résultats pour le bonheur et la gloire de notre patrie. Les tableaux de la révolution de 1848 trouveront donc place dans notre cadre, que nous nous sommes empressés d'élargir.

Plusieurs recueils de gravures relatives à la révolution ont déjà été publiés; mais nous pouvons affirmer qu'aucun d'eux n'est comparable pour la fidélité, pour l'exécution, comme pour le bon marché, à celui que nous offrons au public.

Toutes les scènes importantes des trois grandes époques de notre histoire seront reproduites par les premiers artistes de Paris. Comme nous n'admettons que des faits incontestés et rapportés par tous, nos gravures auront l'immense avantage de servir à illustrer toutes les histoires de la révolution, quel que soit l'esprit qui les ait dictées; mais en même temps une narration impartiale, accompagnant chacun des tableaux, fera de ce recueil une histoire complète de nos révolutions, s'adressant aux yeux en même temps qu'à l'intelligence du lecteur.

Nous espérons qu'on nous saura quelque gré d'élever un monument à trois des plus brillantes époques de notre histoire, et nous comptons sur le patriotisme de nos concitoyens pour nous venir en aide dans la tâche que nous osons entreprendre.

C'est à nos révolutions que nous devons l'ère de vraie liberté qui commence enfin pour le pays et sans doute pour le monde; glorifions-les donc tous, et par tous les moyens! Que chaque Français ayant sans cesse sous les yeux ces pages glorieuses, mais sanglantes, apprenne à respecter et surtout à conserver, à consolider le noble héritage que nos pères avaient payé si cher, et dont nous, leurs enfants, avons déjà su prouver deux fois que nous étions dignes.

Chacune de ces glorieuses époques a fait surgir des noms nouveaux, souvent inconnus, et dont le caractère s'est presque toujours montré à la hauteur des circonstances : nous réunirons leur portrait par groupes de cinq, avec la biographie de ces personnages.

— 3

CONDITIONS DE LA SOUSCRIPTION :

Chaque livraison renferme une planche représentant un événement remarquable, avec texte explicatif. Les douze premières livraisons contiendront les événements de 1848.

LE PRIX DE LA LIVRAISON EST DE 25 CENTIMES.

POUR L'ÉTRANGER : 30 CENTIMES

ON SOUSCRIT POUR PARIS

A LA LIBRAIRIE ETHNOGRAPHIQUE, RUE DU HASARD-RICHELIEU, 4

POUR LA FRANCE

CHEZ LES PRINCIPAUX LIBRAIRES ET DÉPOSITAIRES DE PUBLICATIONS PITTORESQUES;

POUR L'ÉTRANGER

Belgique.	Decq, rue de la Madeleine, à Bruxelles.	**Suède.**	Fritz, à Stockholm.
Espagne.	Monnier, à Madrid.	**Danemark.**	Host, à Copenhague.
—	Daluis, à Cadix.	**G.-Bretagne**	Jeffs, à Londres.
Portugal.	Moré, à Porto.	**Algérie.**	Bastide, à Alger.
Hollande.	Broese et Ce, à Breda.	**Piémont.**	Giansini et Fiore, à Turin.
Allemagne.	Michelsen, à Leipzig.	**Italie cent.**	Meline-Cans et Ce, à Livourne.
—	Duncker, à Berlin.	**Naples et Sicile.**	Dufrene, à Naples.
—	Gerold et fils, à Vienne.		
Russie.	Basile Yssakoff, à St-Pétersbourg.	**Suisse.**	Weber, à Lausanne.
—	J. Yssakoff, *idem.*	**Turquie.**	Iskender, à Constantinople.

AVIS DES ÉDITEURS ASSOCIÉS.

Le principe d'association qui sert de base à la publication des *Révolutions de France*, ouvre, au milieu des circonstances qui en arrêtent l'essor, une voie nouvelle à la librairie de luxe, aux livres illustrés. C'est un honneur pour nous tous, artistes et éditeur, d'avoir appliqué d'avance, en dehors de tout fait révolutionnaire, à cette branche importante du commerce la question si brûlante, si agitée maintenant de l'organisation du travail. Le soin que nous apporterons à remplir la tâche dévolue à chacun de nous est un sûr garant du succès de notre livre. Ce sera aussi un encouragement à entreprendre de belles et utiles publications, pour lesquelles nos efforts isolés seraient demeurés impuissants.

PARIS. — IMPRIMERIE CLAYE ET TAILLEFER,
rue Saint-Benoît, 7.

PUBLICATIONS NOUVELLES DE LA LIBRAIRIE ETHNOGRAPHIQUE.

MŒURS ET COSTUMES DE TOUS LES PEUPLES, AFRIQUE-OCÉANIE,

Rédigées par M. C. Henricy, sous la direction de M. Frédéric Lacroix. 4 vol. gr. in-8°, enrichi de 55 planches à part, coloriées avec soin, le texte illustré d'un grand nombre de vignettes, scènes de mœurs, vues de villes, etc. Prix, broché............ 30 fr.

L'Afrique et l'Océanie forment la 1re série des *Mœurs et Costumes de Tous les Peuples*.

La 2e série, Asie, est en cours de publication. Elle est publiée en 50 livraisons à 50 cent. Chaque livraison est composée de 8 pages de texte et d'une planche à part, coloriée avec soin, et fréquemment rehaussée d'or. -- On peut souscrire séparément à chaque série.

La souscription est permanente ; une ou deux livraisons par semaine.

L'ESPAGNE PITTORESQUE, ARTISTIQUE ET MONUMENTALE,

Mœurs, Usages et Costumes, par MM. Manuel de Cuendias et V. de Féréal ; 4 beau vol. grand in-8°, orné de 25 planches à part, représentant des vues et monuments imprimés à deux teintes, de 25 costumes splendidement coloriés, du portrait de la reine Isabelle et de 100 vignettes dans le texte, par C. Nanteuil. Broché.......... 20 fr.

Reliure riche, dorée, plaque et fers spéciaux......................... 25 fr.

Souscription permanente ; 50 livraisons à 40 centimes ; une ou deux livraisons par semaine.

COSTUME DU MOYEN-AGE,

D'après des monuments d'art et des manuscrits contemporains ; 2 vol. grand in-8°, orné de 150 planches à part, coloriées avec le plus grand soin, la plupart rehaussées d'or et d'argent. Cartonné... 100 fr.

Souscription permanente ; 30 livraisons ; une ou deux livraisons par mois.

MONUMENTS DE TOUS LES PEUPLES,

Dessinés et décrits d'après les documents les plus modernes, par M. Ernest Breton, membre de la société des antiquaires de France ; 2e édition. 2 vol. grand in-8°, enrichis de 150 planches à part, représentant les monuments les plus remarquables, et d'un grand nombre de vignettes imprimées dans le texte. Broché.............. 25 fr.

HISTOIRE ET COSTUMES DES ORDRES RELIGIEUX, CIVILS ET MILITAIRES,

par M. l'abbé Tiron ; 2e édition, considérablement augmentée, dédiée à son éminence le cardinal Lambruschini, 2 vol. grand in-8°, ornés de 114 belles planches coloriées. Prix, broché... 40 fr.

HISTOIRE, COSTUMES ET DECORATIONS DE TOUS LES ORDRES DE CHEVALERIE ET MARQUES D'HONNEUR,

Magnifique vol. grand in-8°, orné de 98 planches coloriées, rehaussées d'or et d'argent, comprenant plus de 500 sujets ; édition la plus complète publiée jusqu'à ce jour. Reliure riche, dorée, plaque et fers spéciaux....... .... 90 fr.

SOUVENIRS D'UN AVEUGLE,

par Jacques Arago ; 5e édition, revue et augmentée, illustrée de 25 grandes vignettes et portraits à part, et de 150 gravures dans le texte, enrichie de notes scientifiques, par M. F. Arago, de l'Institut, et précédée d'une introduction par M. J. Janin. 2 vol. grand in-8°, broché... 24 fr.

STATISTIQUE GÉNÉRALE, MÉTHODIQUE ET COMPLÈTE DE LA FRANCE,

Comparée aux autres grandes puissances de l'Europe, par J. H. Schnitzler, auteur de la *Statistique de Russie*, directeur de l'*Encyclopédie des Gens du monde*. 4 vol. in-8", broché... 30 fr.

TABLEAUX HISTORIQUES

DES PRINCIPAUX ÉVÉNEMENTS

DES

RÉVOLUTIONS DE FRANCE

DE 1789, 1830 ET 1848

50 MAGNIFIQUES PLANCHES IMPRIMÉES A DEUX TEINTES

Exécutées d'après les premiers Artistes

PAR LES GRAVEURS ASSOCIÉS

BARA ET GÉRARD, DUJARDIN, FAGNION, HÉBERT, LOISEAU,
SOYER, TRICHON, ETC.

PROSPECTUS

L'ouvrage que nous annonçons aujourd'hui n'est point une de ces œuvres de circonstance que le même jour voit éclore et mourir; le projet en était depuis longtemps conçu et arrêté, le prospectus allait en être publié quand l'aurore de liberté qui s'est levée sur la France est venue lui donner un intérêt d'actualité qui devait être pour nous un nouvel encouragement. Une importante modification a seulement été apportée à notre plan; nous ne devions retracer que les principaux faits accomplis dans les révolutions de 1789 et de 1830; le troisième acte de cette terrible trilogie est venu se joindre à ses aînés, non moins héroïque, mais plus noble encore, plus généreux, et, nous en avons la ferme confiance, plus fécond en résultats pour le bonheur et la gloire de notre patrie. Les tableaux de la révolution de 1848 trouveront donc place dans notre cadre, que nous nous sommes empressés d'élargir.

Plusieurs recueils de gravures relatives à la révolution ont déjà été publiés; mais nous pouvons affirmer qu'aucun d'eux n'est comparable pour la fidélité, pour l'exécution, comme pour le bon marché, à celui que nous offrons au public.

Toutes les scènes importantes des trois grandes époques de notre histoire seront reproduites par les premiers artistes de Paris. Comme nous n'admettons que des faits incontestés et rapportés par tous, nos gravures auront l'immense avantage de servir à illustrer toutes les histoires de la révolution, quel que soit l'esprit qui les ait dictées; mais en même temps une narration impartiale, accompagnant chacun des tableaux, fera de ce recueil une histoire complète de nos révolutions, s'adressant aux yeux en même temps qu'à l'intelligence du lecteur.

Nous espérons qu'on nous saura quelque gré d'élever un monument à trois des plus brillantes époques de notre histoire, et nous comptons sur le patriotisme de nos concitoyens pour nous venir en aide dans la tâche que nous osons entreprendre.

C'est à nos révolutions que nous devons l'ère de vraie liberté qui commence enfin pour le pays et sans doute pour le monde; glorifions-les donc tous, et par tous les moyens! Que chaque Français ayant sans cesse sous les yeux ces pages glorieuses, mais sanglantes, apprenne à respecter et surtout à conserver, à consolider le noble héritage que nos pères avaient payé si cher, et dont nous, leurs enfants, avons déjà su prouver deux fois que nous étions dignes.

Chacune de ces glorieuses époques a fait surgir des noms nouveaux, souvent inconnus, et dont le caractère s'est presque toujours montré à la hauteur des circonstances : nous réunirons leur portrait par groupes de cinq, avec la biographie de ces personnages.

CONDITIONS DE LA SOUSCRIPTION :

Chaque livraison renferme une planche représentant un événement remarquable, avec texte explicatif. Les douze premières livraisons contiendront les événements de 1848.

LE PRIX DE LA LIVRAISON EST DE 30 CENTIMES.

ON SOUSCRIT POUR PARIS

A LA LIBRAIRIE ETHNOGRAPHIQUE, RUE DU HASARD-RICHELIEU, 4

POUR LA SUISSE

A LAUSANNE, CHEZ WEBER, LIBRAIRE-ÉDITEUR

POUR L'ÉTRANGER

Belgique.	Decq, rue de la Madeleine, à Bruxelles.	**Suède.**	Fritz, à Stockholm.
Espagne.	Monnier, à Madrid.	**Danemark.**	Host, à Copenhague.
—	Daluis, à Cadix.	**G.-Bretagne.**	Jeffs, à Londres.
Portugal.	Moré, à Porto.	**Algérie.**	Bastide, à Alger.
Hollande.	Broese et Ce, à Breda.	**Piémont.**	Gianini et Fiore, à Turin.
Allemagne.	Michelsen, à Leipzig.	**Italie cent.**	Meline-Cans et Ce, à Livourne.
—	Dunker, à Berlin.	**Naples et Sicile.**	Dufrene, à Naples.
—	Gerold et fils, à Vienne.	**Suisse.**	Weber, à Lausanne.
Russie.	Basile Yssakoff, à St-Pétersbourg.	**Turquie.**	Iskender, à Constantinople.
—	J. Yssakoff, *idem.*		

AVIS DES ÉDITEURS ASSOCIÉS.

Le principe d'association qui sert de base à la publication des *Révolutions de France*, ouvre, au milieu des circonstances qui en arrêtent l'essor, une voie nouvelle à la librairie de luxe, aux livres illustrés. C'est un honneur pour nous tous, artistes et éditeur, d'avoir appliqué d'avance, en dehors de tout fait révolutionnaire, à cette branche importante du commerce la question si brûlante, si agitée maintenant de l'organisation du travail. Le soin que nous apporterons à remplir la tâche dévolue à chacun de nous est un sûr garant du succès de notre livre. Ce sera aussi un encouragement à entreprendre de belles et utiles publications, pour lesquelles nos efforts isolés seraient demeurés impuissants.

PUBLICATIONS NOUVELLES DE LA LIBRAIRIE ETHNOGRAPHIQUE.

MŒURS ET COSTUMES DE TOUS LES PEUPLES, AFRIQUE-OCÉANIE,

Rédigées par M. C. Henricy, sous la direction de M. Frédéric Lacroix. 1 vol gr. in-8°, enrichi de 55 planches à part, coloriées avec soin, le texte illustré d'un grand nombre de vignettes, scènes de mœurs, vues de villes, etc. Prix, broché............. 30 fr.

L'Afrique et l'Océanie forment la 1re série des *Mœurs et Costumes de Tous les Peuples*

La 2e série, Asie, est en cours de publication. Elle est publiée en 50 livraisons à 50 cent. Chaque livraison est composée de 8 pages de texte et d'une planche à part, coloriée avec soin, et fréquemment rehaussée d'or. — On peut souscrire séparément à chaque série.

La souscription est permanente; une ou deux livraisons par semaine.

L'ESPAGNE PITTORESQUE, ARTISTIQUE ET MONUMENTALE,

Mœurs, Usages et Costumes, par MM. Manuel de Cuendias et V. de Féréal ; 1 beau vol. grand in-8°, orné de 25 planches à part, représentant des vues et monuments imprimés à deux teintes, de 25 costumes splendidement coloriés, du portrait de la reine Isabelle et de 100 vignettes dans le texte, par C. Nanteuil. Broché......... 25 fr.

Souscription permanente ; 50 livraisons à 40 centimes ; une ou deux livraisons par semaine.

COSTUME DU MOYEN-AGE,

D'après des monuments d'art et des manuscrits contemporains ; 2 vol. grand in-8°, orné de 150 planches à part, coloriées avec le plus grand soin, la plupart rehaussées d'or et d'argent. Cartonné.. 100 fr.

MONUMENTS DE TOUS LES PEUPLES,

Dessinés et décrits d'après les documents les plus modernes, par M. Ernest Breton, membre de la société des antiquaires de France ; 2e édition. 2 vol. grand in-8°, enrichis de 150 planches à part, représentant les monuments les plus remarquables, et d'un grand nombre de vignettes imprimées dans le texte. Broché.............. 35 fr.

HISTOIRE ET COSTUMES DES ORDRES RELIGIEUX, CIVILS ET MILITAIRES,

par M. l'abbé Tiron ; 2e édition, considérablement augmentée, dédiée à son éminence le cardinal Lambruschini, 2 vol. grand in-8°, ornés de 114 belles planches coloriées. Prix, broché.. 50 fr.

HISTOIRE, COSTUMES ET DÉCORATIONS DE TOUS LES ORDRES DE CHEVALERIE ET MARQUES D'HONNEUR,

Magnifique vol. grand in-8°, orné de 98 planches coloriées, rehaussées de gouache, comprenant plus de 500 sujets ; édition la plus complète publiée jusqu'à ce jour. Reliure riche, dorée, plaque et fers spéciaux...................................... 120 fr.

SOUVENIRS D'UN AVEUGLE,

par Jacques Arago ; 5e édition, revue et augmentée, illustrée de 25 grandes vignettes et portraits à part, et de 150 gravures dans le texte, enrichie de notes scientifiques, par M. F. Arago, de l'Institut, et précédée d'une introduction par M. J. Janin. 2 vol. grand in-8°, broché.. 21 fr.

STATISTIQUE GÉNÉRALE, MÉTHODIQUE ET COMPLÈTE DE LA FRANCE,

Comparée aux autres grandes puissances de l'Europe, par J. H. Schnitzler, auteur de la *Statistique de Russie*, directeur de l'*Encyclopédie des Gens du monde*. 4 vol. in-8°, broché...... .... 30 fr.

Paris. — Imprimerie Claye et Taillefer, rue Saint-Benoît, 7.

RÉVOLUTION FRANÇAISE

DE 1848

PARIS — IMPRIMERIE CLAYE ET TAILLEFER,
RUE SAINT-BENOIT, 7.

TABLEAUX HISTORIQUES

DES PRINCIPAUX ÉVÉNEMENTS

DE LA

RÉVOLUTION FRANÇAISE

DE 1848

DOUZE PLANCHES IMPRIMÉES A DEUX TEINTES

AVEC TEXTE EXPLICATIF

PARIS

LIBRAIRIE ETHNOGRAPHIQUE

RUE DU HASARD-RICHELIEU, 6

1848

RÉVOLUTION

DE 1848

INTRODUCTION

Un ministère détesté, des ordonnances *liberticides* avaient amené la chute de la royauté que nous avaient imposée en 1815 les baïonnettes étrangères; un ministère anti-national, des ordonnances illégales, arbitraires, oppressives, devaient renverser le trône que 1830 avait élevé sur ses débris. Et pourtant combien un tel résultat n'était-il pas facile à prévoir! Comment le ministère du 29 octobre a-t-il eu le triste courage de lutter pendant huit années contre l'opinion publique, quand presque à sa naissance, le 15 décembre 1840, le jour où Paris recevait dans son sein les restes de l'exilé de Sainte-Hélène, les échos retentissaient déjà du cri de : A BAS GUIZOT! A BAS LE TRAITRE! A BAS L'ANGLAIS! de ce cri mille fois répété par le peuple et par la garde nationale elle-même; quand plus tard, à une distribution du concours général, l'entrée du ministre était saluée par le chant populaire de Charles VI?

Depuis lors, rien n'a pu le faire dévier de la ligne funeste qu'il avait adoptée, et qui l'entraînait fatalement à sa ruine avec la royauté de 1830. Pas une concession n'a été faite aux vœux du pays! La France voulait conserver parmi les nations le rang glorieux qu'elle avait acheté par vingt années de victoires; elle demandait pour la représentation nationale des garanties d'indépendance; on repoussa bien loin toute pensée de réforme parlementaire. Comme la vapeur trop longtemps comprimée, la vengeance populaire n'attendait qu'une dernière pression pour éclater; elle ne s'est pas fait attendre.

Déjà soixante-dix banquets avaient constaté le droit de réunion pacifique ; dans tous des voix éloquentes s'étaient élevées demandant à grands cris une réforme, dont le gouvernement lui-même aurait dû depuis longtemps prendre l'initiative. Loin de là, le discours de la couronne osa qualifier d'*aveugles* et d'*ennemis* plusieurs milliers de Français et plus de cent députés qui avaient pris part à ces manifestations de l'opinion du pays. C'était jeter à l'opposition un imprudent défi qu'elle ne pouvait manquer d'accepter. D'abord elle repoussa à la tribune, et par les organes de la presse, ces épithètes injurieuses ; mais le ministère, fort d'une majorité que la France avait payée si cher, voulut maintenir cette flétrissure morale contre une partie de la Chambre. L'opposition tout entière ayant refusé de voter dans une question qui lui était personnelle, une majorité de 225 voix sur 241 votants introduisit dans l'adresse cette phrase, triste pendant de celle qu'on avait eu l'insigne maladresse de mettre dans la bouche du roi : « *Les agitations* que soulèvent des passions ennemies ou des entraînements aveugles, tomberont devant la raison publique éclairée par nos libres discussions, et par la manifestation de toutes les opinions légitimes. »

Trois jours après cette séance du 10 février, où le ministère croyait avoir remporté une brillante victoire, des électeurs, des citoyens du douzième arrondissement de Paris décidèrent qu'un banquet aurait lieu. Ils y convièrent tous les députés réformistes, et le petit nombre de pairs de France qui n'étaient pas aveuglément dévoués à une politique rétrograde et antipathique au sentiment national. Peut-être espéraient-ils que leurs voix plus proches seraient mieux entendues. Vaine illusion ! Le ministère pouvait-il consentir à écouter des vœux qu'il était d'avance décidé à repousser à tout prix et par tous les moyens ?

Bientôt un arrêté du ministre de l'intérieur vient interdire le banquet, en se fondant sur un article de la loi de 1790, qui, selon lui, donne à l'autorité municipale le droit de permettre ou de défendre les réunions politiques ; mais, d'un autre côté, ce prétendu droit, soutenu à la tribune par M. Duchâtel, par M. Hébert et par M. Quesnault, était formellement nié par plusieurs jurisconsultes éminents. En vain l'opposition demanda au ministère de présenter une loi qui tranchât la question constitutionnellement, et sans aucune chance de désordre. Elle dut alors s'efforcer de recourir à la décision des tribunaux, seuls interprètes de la législation existante ; mais, pour que la question pût être portée devant eux, il fallait qu'il y eût un acte de résistance positif, une contravention matérielle. L'opposition résolut de passer outre, bien décidée à se borner à une manifestation pacifique, qui donnerait l'occasion de constater juridiquement la dénégation d'un des plus précieux droits politiques. Pour que cette manifestation fût efficace, elle devait être aussi digne, aussi calme qu'imposante. Le banquet, fixé d'abord au dimanche 20 février, fut retardé jusqu'au 22, tant pour avoir le temps de réunir les nouvelles adhésions, que la persécution faisait affluer de toutes parts, que pour éviter la présence inutile des oisifs du dimanche. Fidèles à la ligne de conduite qu'ils s'étaient tracée, prévoyant qu'un aussi immense concours de citoyens sur un seul point ne pourrait manquer de donner lieu à quelque désordre, si sa marche n'était réglée d'avance, les ordonnateurs du banquet publièrent, dans les journaux du 21, un avis ainsi conçu :

« La commission générale, chargée d'organiser le banquet du 12e arrondissement, croit devoir rappeler que la manifestation fixée à mardi prochain, a pour objet l'exercice légal et pacifique d'un droit constitutionnel, le droit de réunion politique sans lequel le gouvernement représentatif ne serait qu'une dérision.

« Le ministère ayant déclaré et soutenu à la tribune que la pratique de ce droit était soumise au bon plaisir de la police, les députés de l'opposition, des pairs de France, d'anciens députés, des membres du conseil général, des magistrats, des officiers, des sous-officiers et soldats de la garde nationale, des membres du comité central, des électeurs de l'opposition, des rédacteurs de journaux de Paris, ont accepté l'invitation qui leur était faite de prendre part à la manifestation, afin de protester, en vertu de la loi, contre une prétention illégale et arbitraire.

« Comme il est naturel de prévoir que cette protestation publique peut attirer un concours considérable de citoyens ; comme on doit présumer aussi que les gardes nationaux de Paris, fidèles à leur devise de *Liberté, Ordre Public*, voudront en cette circonstance, accomplir ce double devoir ; qu'ils voudront défendre la liberté, en se joignant à la manifestation, protéger l'ordre et empêcher toute collision par leur présence ; que, dans la prévision d'une réunion nombreuse de gardes nationaux et de citoyens, il semble convenable de prendre des dispositions qui éloignent toute cause de trouble et de tumulte ;

« La commission a pensé que la manifestation devait avoir lieu dans le quartier de la capitale où la largeur des rues et des places permît à la population de s'agglomérer sans qu'il en résulte d'encombrement.

« A cet effet, les députés, les pairs de France et les autres personnes invitées au banquet, s'assembleront mardi prochain à 11 heures au lieu ordinaire des réunions de l'opposition parlementaire, place de la Madeleine, n° 2.

« Les souscripteurs du banquet qui font partie de la garde nationale, sont priés de se réunir devant l'église de la Madeleine, et de former deux haies parallèles, entre lesquelles se placeront les invités.

« Le cortége aura en tête les officiers supérieurs de la garde nationale, qui se présenteront pour se joindre à la manifestation.

« Immédiatement après les invités et les convives, se placera un rang d'officiers de la garde nationale.

« Derrière ceux-ci les gardes nationaux formés en colonnes suivant le numéro des légions.

« Entre la troisième et la quatrième colonne, les jeunes gens des écoles sous la conduite de commissaires désignés par eux.

« Puis les autres gardes nationaux de Paris et de la banlieue dans l'ordre désigné plus haut.

« Le cortége partira à 11 heures et demie et se dirigera par la place de la Concorde et les Champs-Élysées vers le lieu du banquet.

« La commission, convaincue que cette manifestation sera d'autant plus efficace qu'elle sera plus calme, d'autant plus imposante qu'elle évitera même tout prétexte de conflit, invite les citoyens à ne pousser aucun cri, à ne porter ni drapeau ni signe extérieur; elle invite les gardes nationaux qui prendront part à la manifestation à se présenter sans armes; il s'agit ici d'une protestation légale et pacifique, qui doit être surtout puissante par le nombre et l'attitude ferme et tranquille des citoyens.

« La commission espère que, dans cette occasion, tout homme présent se considérera comme un fonctionnaire chargé de faire respecter l'ordre; elle se confie aux sentiments de la population parisienne, qui veut la paix publique avec la liberté, et qui sait que pour assurer le maintien de ses droits, elle n'a besoin que d'une démonstration paisible, comme il convient à une nation intelligente, éclairée, qui a la conscience de l'autorité irrésistible de sa force morale, et qui est assurée de faire prévaloir ses vœux légitimes par l'expression légale et calme de son opinion. »

Qui eût pu soupçonner que cette proclamation, qui n'avait d'autre but que l'ordre et la sécurité publique, deviendrait l'arme que le ministère tournerait contre ses auteurs? C'est pourtant ce qui est arrivé.

Le gouvernement était instruit depuis plusieurs jours des projets de l'opposition constitutionnelle; il savait quelle serait la forme de la protestation solennelle qu'elle méditait; il n'ignorait pas que les députés se rendraient en corps au lieu du banquet, accompagnés d'un grand nombre de citoyens et de gardes nationaux sans armes. Il avait annoncé l'intention de n'apporter aucun obstacle à cette démonstration tant que l'ordre ne serait point troublé, et de se borner à constater par un procès-verbal ce qu'il regardait comme une contravention, et ce que l'opposition soutenait n'être que l'exercice d'un droit. Tout à coup, la veille même du jour fixé, et dans l'après-midi, des placards sont affichés sur tous les murs de la capitale, annonçant l'interdiction du banquet. Nous croyons utile de reproduire ces actes, qui deviendront des monuments historiques comme les fameuses ordonnances de 1830.

PRÉFECTURE DE POLICE.

ARRÊTÉ.

Vu la déclaration qui nous a été faite, relativement à un banquet qui doit avoir lieu le mardi 22 février courant, à midi, dans un local situé rue du Chemin de Versailles, à Chaillot ;

Vu également : 1° l'article 111 n° 3 du titre XI de la loi des 16-24 août 1790, ainsi conçu : « Les objets de police confiés à la vigilance et à l'autorité des corps municipaux « sont.... 3° le maintien du bon ordre dans les endroits où il se fait de grands rassem- « blements d'hommes, etc. »

2° L'art. 46 du titre Ier de la loi du 22 juillet 1791, ainsi conçu :

« Le corps municipal pourra, sous le nom et l'intitulé de délibérations, et sauf la « réformation, s'il y a lieu, par l'administration du département, faire des arrêtés sur les « objets qui suivent : 1° lorsqu'il s'agira d'ordonner des précautions locales sur les « objets confiés à sa vigilance et à son autorité par les art. 3 et 4 du titre XI de la loi « des 16-24 août 1790. »

3° L'article 1er de l'arrêté du gouvernement, du 12 messidor an VIII (1er juillet 1800), portant que :

« Le préfet de police prendra les mesures propres à prévenir ou dissiper les attrou- « pements, les réunions tumultueuses ou menaçant la tranquillité publique. »

4° L'arrêté du gouvernement du 3 brumaire an IX (25 octobre 1800) ;

5° L'ordonnance de police du 30 novembre 1830 ;

6° L'ordonnance de police du 31 mai 1831, qui soumet les bals, banquets et généra- lement toutes les réunions auxquelles on est admis, soit à prix d'argent, soit par sou- scription, ou par tout autre mode leur donnant un caractère public, à l'obtention d'une autorisation préalable du préfet de police ;

Et 7° l'article 471 n° 15 du Code pénal ;

Considérant que, d'après la notoriété publique, un grand nombre de personnes doivent prendre part au banquet sus-relaté, pour lequel des commissaires ont été nommés et des souscriptions publiques provoquées par la voie de la presse ;

Considérant que, dans les circonstances présentes, les rassemblements, réunions et banquets projetés sont de nature à compromettre le bon ordre et la tranquillité publique,

Avons arrêté et arrêtons ce qui suit :

ART. 1er. La réunion et le banquet précités sont interdits.

ART. 2. Le présent arrêté sera notifié à qui de droit.

ART. 3. Toutes mesures seront prises pour assurer l'exécution du présent arrêté.

Fait à Paris, le 20 février 1848.

Le pair de France, préfet de police,

Signé : G. DELESSERT.

ORDONNANCE CONCERNANT LES ATTROUPEMENTS.

Paris, le 21 février 1848.

Nous, pair de France, préfet de police,

Considérant que, dans les circonstances actuelles et en présence de l'agitation que l'on cherche à répandre parmi les citoyens, il y a opportunité à donner une nouvelle publicité à l'ordonnance de police du 13 juillet 1831, concernant les attroupements ;

En vertu de la loi des 16-24 août 1790, de l'article 2 de l'arrêté du gouvernement du 12 messidor an VIII, et de l'arrêté du 3 brumaire an IX ;

Ordonnons ce qui suit :

ART. 1er. L'ordonnance de police du 3 juillet 1831, concernant les attroupements, sera de nouveau imprimée et affichée dans Paris et dans les communes du ressort de la préfecture de police.

ART. 2. Les sous-préfets des arrondissements de Sceaux et de Saint-Denis, le chef de la police municipale, les commissaires de police à Paris et dans la banlieue, les maires des communes rurales, les officiers de paix et les préposés de la préfecture de police sont chargés, chacun en ce qui le concerne, de tenir la main à son exécution.

Les commandants de la force publique sont requis de leur prêter main forte.

Le pair de France, préfet de police,

G. DELESSERT.

Suivent le long dispositif de l'ordonnance de police du 13 juillet 1831, puis deux proclamations aux habitants de Paris et à la garde nationale, par le préfet de police, et par le général Jacqueminot.

Nous ne reproduirons que la première :

HABITANTS DE PARIS,

Une inquiétude qui nuit au travail et aux affaires règne depuis quelques jours dans les esprits ; elle provient des manifestations qui se préparent. Le gouvernement déterminé par des motifs d'ordre public qui ne sont que trop justifiés, et usant d'un droit que les lois lui donnent et qui a été constamment exercé sans contestation, a interdit le banquet du XIIe arrondissement. Néanmoins, comme il a déclaré devant la Chambre des Députés que cette question était de nature à recevoir une solution judiciaire, au lieu de s'opposer par la force à la réunion projetée, il a pris la résolution de laisser constater la contravention, en permettant l'entrée des convives dans la salle du banquet, espérant que ces convives auraient la sagesse de se retirer à la première sommation, afin de ne pas convertir une simple contravention en un acte de rébellion. C'était le seul moyen de faire juger la question devant l'autorité suprême de la Cour de cassation.

Le gouvernement persiste dans cette détermination ; mais le manifeste publié ce matin par les journaux de l'opposition, annonce un autre but, d'autres intentions ; il élève un gouvernement à côté du véritable gouvernement du pays, de celui qui est institué par la Charte, et qui s'appuie sur la majorité des Chambres ; il appelle une manifestation publique, dangereuse pour le repos de la cité ; il convoque en violation de la loi de 1831, les gardes nationaux qu'il dispose à l'avance en haie régulière, par numéro de légion, les officiers en tête. Ici, aucun doute n'est possible, de bonne foi ; les lois les plus claires, les mieux établies sont violées. Le gouvernement saura les faire respecter ; elles sont le fondement et la garantie de l'ordre public.

J'invite tous les bons citoyens à se conformer à ces lois, à ne se joindre à aucun rassemblement, de crainte de donner lieu à des troubles regrettables. Je fais cet appel à leur patriotisme et à leur raison, au nom de nos institutions, du repos public et des intérêts les plus chers de la cité.

Le pair de France, préfet de police.

G. Delessert.

A la même heure, dans l'enceinte de la Chambre des Députés, M. Duchâtel répondait aux interpellations de M. O. Barrot : « Nous eussions laissé faire le banquet quelque illégal qu'il fût ; mais le manifeste du comité relatif à l'ordre à suivre dans la marche du cortége est bien autrement illégal, et force doit rester au gouvernement. »

Nous renonçons à peindre l'effet terrible produit dans Paris par cette mesure si brutale et si tardive ; il ne devenait que trop évident que l'effusion du sang en serait l'inévitable conséquence. L'opposition crut alors remplir un devoir de modération et d'humanité en ajournant le banquet. M. O. Barrot avait dit, en s'adressant au banc des ministres : « Messieurs, il n'y a pas de ministère ni de système d'administration qui vaille une goutte de sang versé. Vous n'avez pas voulu de l'ordre avec et par la liberté, subissez-en les conséquences. »

En même temps qu'elle décidait l'ajournement du banquet, l'opposition annonçait qu'il lui restait à accomplir un grand acte de fermeté et de justice, la demande immédiate de mise en accusation du ministère. En effet, le lendemain 22, M. Odilon Barrot déposait sur le bureau de la Chambre la proposition suivante :

« Nous proposons de mettre le ministère en accusation comme coupable :

« 1° D'avoir trahi au dehors l'honneur et les intérêts de la France ;

« 2° D'avoir faussé les principes de la constitution, violé les garanties de la liberté et attenté aux droits des citoyens ;

« 3° D'avoir, par une corruption systématique, tenté de substituer à la libre expression de l'opinion publique les calculs de l'intérêt privé, et de pervertir ainsi le gouvernement représentatif ;

« 4° D'avoir trafiqué dans un intérêt ministériel des fonctions publiques, ainsi que de tous les attributs et priviléges du pouvoir ;

« 5° D'avoir, dans le même intérêt, ruiné les finances de l'État, et compromis ainsi les forces et la grandeur nationales ;

« 6° D'avoir violemment dépouillé les citoyens d'un droit inhérent à toute constitution libre, et dont l'exercice leur avait été garanti par la Charte, par les lois, et par les précédents ;

« 7° D'avoir enfin, par une politique ouvertement contre-révolutionnaire, remis en question toutes les conquêtes de nos deux révolutions, et jeté dans le pays une perturbation profonde.

> « *Signé :* O. BARROT. DUVERGIER DE HAURANNE. DE THIARD. DUPONT DE L'EURE. ISAMBERT. DE MALLEVILLE. GARNIER-PAGÈS CHAMBOLLE. BETHMONT. LHERBETTE. PAGÈS (de l'Ariége). BAROCHE. HAVIN. LÉON FAUCHER. DE LASTEYRIE. DE COURTAIS. DE SAINT-ALBIN. CRÉMIEUX. GAULTHIER DE RUMILLY. RAIMBAULT. BOISSEL. DE BEAUMONT (Somme). LESSEPS. MAUGUIN. CRETON. ABBATTUCCI. LUNEAU. BARON. GEORGES LAFAYETTE. MARIE. CARNOT. BUREAUX DE PUZY. DUSSOLIER. MATHIEU. DROUYN DE L'HUYS. D'ARAGON. CAMBACÉRÈS. DRAULT. MARQUIS. BIGOT. QUINETTE. MAICHAIN. LEFORT-GONSALLIN. TESSIÉ DE LA MOTTE. DEMARÇAY. BERGER. BONNIN. DE JOUVENCEL. LARABIT. VAVIN. GARNON. MAUBAT-BELLANGE. TAILLANDIER.

Cette nouvelle attitude de l'opposition fut loin de satisfaire l'opinion publique. Chacun savait que la mise en accusation des ministres ne pourrait être accordée par la majorité vénale qui jusqu'à ce jour avait soutenu les actes de ces mêmes ministres. Il ne s'agissait plus dès lors d'employer les moyens légaux, pour arriver au seul but qu'on se proposât encore d'atteindre, la chute du ministère, et la réforme parlementaire. Le peuple n'avait plus qu'à descendre dans les rues..... Le lendemain il était à son poste.

Les Étudiants sur le pont de la Concorde.

LES ÉTUDIANTS AU PONT DE LA CONCORDE.

22 FÉVRIER 1848.

Le mardi 22 février, jour indiqué pour la célébration du banquet du XIIe arrondissement, malgré un temps froid et sombre, les boulevarts présentaient dès six heures du matin l'aspect le plus animé. Les habitants de la banlieue accouraient, ignorant encore les prohibitions de la police, et les Parisiens se rendaient au rendez-vous, conservant un vague espoir que la manifestation pourrait avoir lieu, bien qu'elle eût été contremandée par ceux-là même qui l'avaient provoquée. On savait que cette *prudente* mesure n'avait pas été adoptée sans combat, et que les trois pairs de France, MM. de Boissy, d'Alton-Shée et d'Harcourt, et dix-huit députés parmi lesquels MM. Dupont (de l'Eure), Marie, Lamartine, de Thiard, etc., avaient vivement insisté pour que l'opposition accomplît son acte légal de résistance, et qu'ils n'avaient dû céder qu'à la majorité dirigée par M. O. Barrot. Un grand nombre d'ouvriers en costume de travail, un plus grand nombre encore de curieux, se dirigeaient vers la place de la Madeleine. Cette multitude sans cesse grossissante n'avait rien d'hostile ni de menaçant. Aucun cri, aucun chant patriotique ne se faisait entendre. On ne rencontrait pas un sergent de ville en uniforme, et, à part quelques officiers d'état-major ou des ordonnances portant des dépêches, la troupe ne paraissait nulle part. Vers onze heures, les masses populaires remplissaient la place de la Madeleine, la rue Royale et la place de la Concorde. On vit alors déboucher devant l'église de fort détachements du 21e de ligne. Ces troupes se rangèrent en bataille, et occupèrent la chaussée du côté opposé aux boulevarts. On remarquait que dans chaque compagnie, un certain nombre de soldats portaient sur leurs sacs des pioches, des haches, des pelles, des marteaux d'armes. Le bruit se répandit dans la foule que plusieurs pièces d'artillerie étaient cachées dans l'église de la Madeleine dont les portes n'avaient point été ouvertes.

Tout à coup, un grand mouvement se manifeste, des clameurs confuses

3

retentissent. Plus de deux mille étudiants arrivent sur deux rangs par la rue Saint-Honoré et la rue Duphot, entonnant *la Marseillaise* et l'air des *Girondins*, auxquels la foule répond par les cris de : Vive la réforme! Vivent les écoles! Le flot populaire reflue alors à travers la place de la Concorde dans la direction de la Chambre des Députés, qui n'était protégée que par un faible poste. Bientôt les murs qui longent la Salle des Conférences sont escaladés, la grille du péristyle est forcée, et quelques personnes pénètrent dans les escaliers conduisant aux tribunes publiques. Les huissiers accourent avec quelques députés; un escadron du 6e dragons et un bataillon du 69e, commandés par le général T. Sébastiani, viennent se joindre à eux; les couloirs sont évacués, et la troupe prend possession des abords de la Chambre. Le pont de la Concorde est occupé par une masse imposante de soldats, qui refoule le peuple sur la place. C'est alors qu'une députation d'étudiants se présente pour se rendre à la Chambre; la ligne croise la baïonnette et reçoit l'ordre de faire feu. Trois ou quatre jeunes gens s'avancent, découvrent leur poitrine en s'écriant : Frappez donc vos frères! Les soldats relèvent leurs armes et les laissent passer.

Vers midi, au moment où l'on s'y attendait le moins, un escadron de garde municipale arrive au grand trot, débouche sur la place, et se forme en bataille en face de l'obélisque. Un détachement de dragons descend la contre-allée des Champs-Élysées, au grand galop, et est accueilli par les cris de : Vivent les dragons! Après avoir parcouru dans toute sa longueur la place de la Concorde, ce détachement vient se placer auprès de la garde municipale : il est bientôt imité par un escadron de chasseurs à cheval. Un nombreux état-major stationne au milieu du pont et préside à ces manœuvres.

Cet appareil menaçant porte l'irritation dans la foule; des sifflets se font entendre, et quelques pierres sont lancées sur la garde municipale qui se distingue par son attitude provocatrice. Un cabriolet contenant deux dames est arrêté; les dames descendent, et le cabriolet est renversé. Alors les dragons, le sabre au fourreau, exécutent quelques charges au petit trot, et leur modération les fait accueillir par de nouveaux vivats. Malheureusement leur exemple n'est pas suivi par la garde municipale; celle-ci charge à son tour; la foule surprise par cette irruption soudaine se disperse aussitôt, mais une dizaine de personnes sont renversées; une vieille femme est tuée sur place, et un ouvrier atteint au cou par le tranchant d'un sabre est transporté au café des Ambassadeurs, où sa blessure est pansée.

La garde municipale exécute ensuite successivement plusieurs charges; en vain, beaucoup de gardes nationaux sans armes se précipitent-ils entre elle et la foule pour prévenir l'effusion du sang. Quelques personnes sont encore atteintes, et un assez grand nombre de citoyens n'échappe aux sabres, aux baïonnettes et aux pieds des chevaux qu'en se précipitant dans les fossés de la place. Plus de deux cents arrestations sont faites. La troupe de ligne assistait immobile et l'arme au bras à ce douloureux spectacle; son attitude était triste et résignée; sa conduite envers la foule était pleine de ménagements et d'égards; elle avait remarqué avec un douloureux sentiment que la garde nationale n'avait pas été convoquée, et ce manque de confiance du gouvernement envers la milice citoyenne avait jeté le découragement dans ses rangs et abattu son énergie.

D'autres scènes analogues se passèrent sur la place de la Madeleine et devant l'hôtel du ministère des affaires étrangères. A la Madeleine, un homme du peuple reçoit un coup de pied de cheval qui lui fait à la tête une large plaie. Au ministère, des désordres plus graves ont lieu; les portes avaient été fermées; on essaye de les enfoncer avec des pinces et des bâtons; quelques vitres sont brisées à coups de pierres, et de tous côtés retentissent les cris : A bas l'homme de Gand! A bas Guizot! Un garde municipal à cheval veut sortir, sans doute pour porter des ordres; il est assailli de pierres et forcé de rentrer au plus vite. Des forces imposantes arrivent aussitôt, et en quelques minutes l'hôtel est défendu comme une forteresse. Aucune agression nouvelle n'a lieu sur ce point.

Cependant toutes les boutiques s'étaient fermées sur le boulevart; la foule loin de diminuer devenait de plus en plus compacte; une vive inquiétude y régnait. Vers deux heures et demie une centaine d'hommes du peuple avaient élevé une barricade de bancs et de chaises dans l'une des allées des Champs-Élysées, près le Cours-la-Reine. Quelques autres avaient pris par escalade le petit poste de six hommes, voisin du panorama de la bataille d'Eylau. A partir de trois heures, de nombreux essais de barricades sont faits dans les rues de Rivoli et Saint-Honoré, et dans les rues adjacentes; mais à peine sont-elles élevées, qu'abandonnées par leurs auteurs, elles sont détruites par la troupe qui ne rencontre aucune résistance. Près de l'Assomption, un enfant ayant crié : A bas Guizot! Vive la réforme! un garde municipal s'élance sur lui, bride abattue, et le renverse d'un coup de sabre; saisi aussitôt par vingt mains désarmées, il est jeté à bas de son cheval, et un ouvrier allait le tuer avec son propre mousquet, quand un garde national s'écrie : « Respect aux blessés! Un homme à terre n'est plus un ennemi. » Et le garde municipal est transporté dans une pharmacie voisine.

A l'église Saint-Roch, aussi bien qu'au ministère de la marine, quelques tentatives ont lieu pour briser les grilles, afin de se faire des armes avec les barreaux; on essaye de piller les boutiques des armuriers Prélat et Lepage, mais un très-petit nombre d'armes est enlevé. Il en est de même chez deux marchands d'armes du quai de la Ferraille.

L'agitation n'est pas moins vive dans les autres parties de la capitale. Un poste de quelques hommes est désarmé rue Geoffroy-Langevin. De nombreux rassemblements ont lieu dans les quartiers Saint-Martin, Saint-Denis et du Temple; des barricades sont élevées dans les rues Beaubourg, Bourg-l'Abbé, Transnonain, des Gravilliers, de l'Arbre-Sec, de Cléry, du Cadran, du Petit-Carreau et à la pointe Saint-Eustache. Quelques engagements ont lieu dans le quartier Saint-Denis entre le peuple et la garde municipale; le plus meurtrier est l'attaque d'une maison de la rue Beaubourg où cinq prisonniers avaient été renfermés. Les insurgés essayent de les délivrer; des coups de fusil sont échangés à bout portant; quelques blessés, quelques morts tombent de part et d'autre, mais les prisonniers restent au pouvoir de la troupe.

A quatre heures et demie, le rappel bat enfin dans les divers quartiers, mais un bien petit nombre de gardes nationaux répondent à l'appel, et le gouvernement peut dès ce moment avoir la mesure du *dévouement* qu'il trouvera dans la garde citoyenne. Sur huit mille hommes qui composent la 2ᵉ légion, cinq cent cinquante-quatre se présentent.

A l'approche de la nuit, le calme se rétablit de lui-même sur le théâtre des rassemblements. Cette partie de la ville à sept heures offre l'aspect qu'elle présente ordinairement à minuit. Quelques patrouilles sillonnent les rues; les troupes bivouaquent sur les places; une batterie d'artillerie de campagne campe sur le boulevart Bonne-Nouvelle en face du théâtre du Gymnase; elle est au centre d'un détachement de troupes de ligne formé en carré, qui stationne l'arme au pied sous une pluie battante.

Les seuls faits importants de la nuit sont l'envahissement des postes des barrières depuis Montmartre jusqu'à l'Étoile. Le poste de la barrière du Roule est pris par un rassemblement considérable, qui en reste maître toute la nuit, et n'est débusqué par la troupe que dans la matinée du 23. A Batignolles, vingt-cinq gardes nationaux, rassemblés à grand'peine par un capitaine, marchent sur le poste de l'octroi de Monceaux qu'occupent quelques enfants. Trois des jeunes insurgés sont tués; et le lendemain ceux qui arrivent dans la capitale sont épouvantés à l'aspect de leurs cadavres étendus sur la paille à l'entrée de Paris.

Les Enfants de Paris aux barricades.

LES ENFANTS DE PARIS AUX BARRICADES.

23 FÉVRIER 1848.

Dès le matin, de nouvelles barricades étaient élevées dans les différents quartiers de Paris par des hommes encore presque tous sans armes, notamment rues Poissonnière, de Cléry, Neuve-Saint-Eustache, du Petit-Carreau, du Caire, et dans toutes les autres rues des quartiers Montorgueil, Saint-Denis, Saint-Martin et du Temple. Bientôt les hommes armés commencèrent à paraître et semblèrent sortir de terre par milliers. Des insurgés parcouraient les maisons, demandant que l'on remît entre leurs mains les armes des gardes nationaux qui ne s'étaient pas joints à eux, ou qui venaient de rentrer épuisés de fatigue. Partout on leur remettait les armes avec empressement, et on écrivait sur les portes avec de la craie : *Armes données*. Sur quelques-unes on voyait ces mots : *Sorti en armes*.

Vers dix heures et demie, un piquet de gardes municipaux à pied, composé de trente hommes environ, débouche par la rue de Cléry et débusque les hommes rangés derrière la barricade, lesquels se réfugièrent en toute hâte derrière celle de la rue Poissonnière. Pas un coup de fusil n'avait été tiré par eux ; mais la troupe fit feu, et trois hommes du peuple tombèrent ; deux ne devaient plus se relever ! La foule indignée ramasse un des cadavres, celui d'un jeune ouvrier, et le porte sur une planche en criant : Vengeance !

Des forces considérables arrivent et occupent tous les points ; de nombreux pelotons parcourent les rues ; en face du marché au beurre stationne une escouade de cuirassiers ; deux pièces de canon sont braquées aux halles, à l'extrémité de la rue Rambuteau ; elles sont gardées par des artilleurs à cheval. Plusieurs autres pièces sont également en batterie rue Saint-Martin, et sur les places de la Bastille, de l'Hôtel de Ville, des Victoires, etc.

Un détachement de troupes de ligne guidé par un maréchal de camp, se range au bas de la rue Poissonnière, et se met en mesure de débarrasser la voie publique. Des cris de : Vive la ligne ! Vive le général ! partent de

4

tous les groupes. Du reste, on n'a qu'à se louer des précautions pleines d'humanité que prennent les soldats pour repousser la foule, et pour rétablir la circulation des rues.

Malheureusement la garde municipale continue par sa violence à entretenir l'irritation du peuple. Rue du Petit-Hurleur, vers dix heures du matin, la foule était nombreuse, mais inoffensive; un feu de peloton tiré par les municipaux atteint six personnes, dont deux grièvement blessées sont portées à l'hôpital Saint-Louis.

Dès neuf heures, le rappel battait; les gardes nationaux étaient sortis plus nombreux que la veille; mais déjà leurs dispositions n'étaient plus équivoques, et de leurs rangs comme de ceux du peuple partaient les mêmes cris : A bas Guizot! Vive la réforme! Un grand nombre de gardes nationaux de la 4ᵉ légion, rassemblés à leur mairie, avaient rédigé une pétition qui réclamait le changement immédiat du ministère; en une demi-heure elle avait été couverte de signatures. Les autres légions se montraient animées du même esprit. La 3ᵉ, rassemblée sur la place des Petits-Pères, était environnée d'une foule immense, et tous ensemble, peuple et garde nationale, criaient : Vive la réforme! Un escadron accourt pour dissiper le rassemblement; la garde nationale croise la baïonnette; les dragons reculent et descendent la rue des Bons-Enfants. Des gardes municipaux à pied surviennent, ils veulent reprendre l'œuvre abandonnée par les dragons. Une fois encore les gardes nationaux résistent, et la garde municipale recule à son tour devant l'attitude ferme et résolue des soldats citoyens.

Place Royale, un bataillon de la 8ᵉ légion s'interpose entre les dragons et les citoyens, et cette fois encore la troupe refuse d'entrer en lutte avec la garde nationale.

Cependant les hostilités continuaient; c'était à la garde municipale que la partie active de la lutte était principalement confiée; pourtant, dans quelques endroits la troupe de ligne fut appelée à prendre part à l'attaque.

Rue du Marché du Temple, une barricade avait été établie en face de la rue Philippeaux; elle était faite de pavés, de tonneaux, de planches, et défendue par des hommes armés de fusils; elle est attaquée par la garde municipale et défendue pendant assez longtemps. Plusieurs combattants sont blessés, et se voyant au moment d'être tournés par la troupe de ligne, ils battent en retraite.

Un peu plus tard, une attaque était dirigée rue Rambuteau, au coin de la rue Beaubourg, contre une barricade formée avec deux diligences de l'entreprise des Jumelles, et par la guérite de la rue Geoffroy-Langevin. La troupe de ligne et les hommes de la barricade échangent une vingtaine de coups de fusil; un chef de bataillon est atteint d'une balle.

Des coups de fusil sont également tirés rues Pastourelle, de Poitou, du Temple et de l'Échaudé. Un des faits les plus tristes de cette journée a lieu de ce côté. Une barricade s'élevait au coin de la rue Vieille-du-Temple et de la rue Saint-François; un bataillon de ligne conduit par un général reçoit l'ordre de l'attaquer. Au moment où le général commande le feu, un officier veut avec son épée faire relever le fusil de ses soldats; il est trop tard, et plusieurs hommes sont frappés. Après cette décharge, la troupe se replie dans la rue de l'Oseille. A ce moment, deux cents gardes nationaux arrivent par la rue de Poitou en criant : Vive la réforme ! et accompagnés d'une masse de peuple poussant le même cri. La troupe, croyant à une attaque, fait feu dans cette direction; un garde national est tué et deux autres sont blessés.

Près de là, une barricade élevée à l'angle de la rue des Quatre-Fils et de la rue Vieille-du-Temple, à peu de distance de l'Imprimerie Royale, est attaquée par les sapeurs du génie, et vigoureusement défendue; un sapeur est tué.

Rue Quincampoix, une barricade composée de deux diligences renversées et remplies de pavés s'élevait à l'angle de la rue Rambuteau. Le 69ᵉ régiment de ligne et un bataillon de chasseurs de Vincennes y sont repoussés trois fois, et ne s'en emparent à la quatrième tentative qu'en perdant seize hommes.

Au coin de la rue de Tracy et de la rue Saint-Denis, une barricade formée de charrettes et de ballots de marchandises enlevés des magasins de *Marie-Stuart*, oppose une égale résistance. Rue Phelippeaux, on se bat de si près, qu'un soldat du 21ᵉ de ligne recevant un coup de fusil en plein visage, la balle lui traverse l'arrière-bouche, et étend raide mort un voltigeur de la première compagnie qui se tenait derrière lui.

Dans un engagement à la place du Châtelet, une balle frappe mortellement M. Saint-Hilaire, chef de bataillon au 34ᵉ de ligne.

Dans la rue Mauconseil, une barricade était attaquée ; de temps en temps un jeune homme paraissait au-dessus du retranchement, se découvrait tout entier, ajustait avec sang-froid, et chaque coup abattait un soldat. La troupe entière tirait sur lui, mais pas une balle ne l'atteignait. Dix fois il renouvela cette manœuvre; enfin, l'officier qui commandait le détachement, plein d'admiration pour tant de bravoure, ordonne aux soldats de ne plus tirer sur lui. Le jeune combattant s'en aperçoit, descend de la barricade sans faire feu et ne reparaît plus.

Enfin, voici, entre mille, un de ces traits qui donnent la mesure de cette héroïque présence d'esprit, éternel apanage du peuple parisien. Une barricade de la rue Saint-Martin était attaquée par une compagnie de ligne ;

un enfant de quinze ans s'élance sur la barricade, et s'enveloppant d'un drapeau rouge qu'il tient à la main, se met à genoux et s'écrie d'une voix résolue : « Tirez, si vous voulez. » Son exemple est aussitôt imité par les autres défenseurs de la barricade. Les soldats, frappés d'admiration, relèvent leurs armes, aux cris de : Vive la ligne !

Vers trois heures, enfin, le bruit se répand que le roi cède aux vœux du peuple, et que le ministère Guizot est renversé. Des officiers d'état-major envoyés dans toutes les directions annoncent à haute voix que c'en est fait du cabinet du 29 octobre, et partout des applaudissements accueillent cette nouvelle que chacun croit devoir mettre un terme aux tristes scènes qui depuis deux jours ensanglantent la capitale. A partir de ce moment, la scène change : toutes les classes de la société partagent une allégresse, éclatante condamnation du système qui a trop longtemps pesé sur la France. Hélas ! ces instants de bonheur devaient être de courte durée !

Massacre au ministère des Affaires Étrangères.

MASSACRE

AU MINISTÈRE DES AFFAIRES ÉTRANGÈRES.

SOIRÉE DU 23 FÉVRIER 1848

Dans quelques quartiers, on se refusait à croire au changement de ministère; aussi des malheurs furent encore à déplorer. Vers cinq heures et demie, une foule immense s'était rassemblée rue du Faubourg Saint-Martin devant la caserne des gardes municipaux; quelques coups de feu partis des rangs des soldats blessent un homme du peuple; un cri d'indignation s'élève dans la foule, et en quelques secondes la caserne est envahie, dévastée, et les six cents hommes qu'elle contenait sont désarmés. Le drapeau est enlevé par le peuple et la garde nationale.

Toutes les barricades n'avaient point été abandonnées; plusieurs d'entre elles, les plus fortes, restaient en la possession de quelques centaines de jeunes gens, entre la rue du Temple et la rue Saint-Martin; mais toutes les hostilités avaient cessé.

Le peuple, en conservant ses armes et ses positions, semblait prévoir que toute lutte n'était pas finie; il l'eût mieux compris encore s'il eût entendu M. Guizot annoncer à la Chambre en ces termes la chute du ministère : « Messieurs, avait-il dit, le roi a fait appeler en ce moment le comte Molé, pour le charger de former un nouveau cabinet. *Tant que le cabinet actuel sera chargé des affaires, il saura maintenir ou rétablir l'ordre et fera respecter les lois, selon sa conscience, comme il l'a fait jusqu'à présent.* »

Dans cette phrase était le germe de la révolution; le cabinet restait donc encore au pouvoir pendant quelque temps, et pendant ce temps il voulait et pouvait encore faire payer cher sa chute à ceux qui l'avaient provoquée. L'affreux événement de la soirée ne l'a que trop prouvé.

Bien que le changement d'un *ministère Guizot* en un *ministère Molé* ne pût guère être regardé comme un véritable et franc changement de système,

cette tardive expiation avait cependant été acceptée avec joie par la majorité des Parisiens ; les rues étaient illuminées et présentaient l'aspect de la
fête la plus brillante, et, sauf quelques groupes peu nombreux qui, ne regar-
dant pas comme suffisante la concession accordée, faisaient entendre les cris
de : vive la réforme ! et à bas Molé ! on ne rencontrait qu'une foule pleine d'espoir et heureuse de respirer enfin après les terribles émotions de la journée.

Hélas ! un événement déplorable devait amener une solution qui n'était dans
les prévisions de personne, et éteindre les feux de joie dans des flots de sang.

Vers neuf heures, une bande de *gamins* portant des torches parcou-
rait les rues en criant d'illuminer ; elle s'était présentée devant l'hôtel de
M. Thiers, où l'on s'était empressé d'obtempérer à ses désirs. Bientôt,
grossie par la foule des curieux, elle était descendue rue Lepelletier, et
s'était arrêtée un instant devant les bureaux du *National ;* les rédacteurs
paraissent au balcon : « Citoyens, dit Armand Marrast, nous venons d'avoir
une belle journée : mais il ne faut pas que la victoire du peuple soit esca-
motée cette fois comme elle l'a été si souvent. Le peuple a le droit de
demander des garanties et une réparation : il faut donc qu'il exige : la
retraite et la mise en accusation des ministres, le licenciement de la garde
municipale, les deux réformes électorale et parlementaire, tant de fois et
inutilement sollicitées ! Enfin, n'oublions pas que cette victoire n'est pas
seulement une victoire pour la France ; c'en est une aussi pour la Suisse et
l'Italie. » Des tonnerres d'applaudissements accueillent cette chaleureuse
allocution, puis la foule continue sa promenade. Au boulevart, elle se trouve
réunie à une nombreuse colonne de citoyens venant du faubourg Saint-Antoine
et à une masse immense de promeneurs. On se dirige alors vers la place
Vendôme, et par des cris et quelques pierres jetées dans les vitres de la Chancellerie, on force l'un des vaincus à illuminer pour célébrer sa propre défaite.

La foule, enchantée de cette petite vengeance, se remet en marche,
débouche sur le boulevart des Capucines, et se dirige vers le ministère des
affaires étrangères. Peut-être voulait-elle imposer la même pénitence au
président du conseil : elle n'en eut pas le temps. A peine approche-t-elle de
cet hôtel, que la fatalité avait marqué pour être le tombeau de la royauté,
qu'un nombreux détachement du 14e de ligne sort de la cour, se range en
bataille en travers du boulevart ; un coup de feu parti, on ne sait d'où,
casse la jambe au cheval du lieutenant-colonel. Aussitôt, l'officier qui
commande le détachement, se croyant attaqué, ordonne le feu, et sans
sommation aucune, une décharge est faite à bout portant sur la foule
désarmée ; cinquante-deux personnes, hommes, femmes, enfants, vieillards,
tombent mortes ou blessées !

C'en est fait du trône de 1830.

Le Char funèbre.

LE CHAR FUNÈBRE

23 FÉVRIER 1848

Au premier moment de stupeur et d'effroi que cause la fusillade inattendue du Ministère des Affaires Étrangères succède bientôt une trop juste indignation, et de toutes parts s'élèvent des cris de fureur et de vengeance. Pendant que les uns restent pour relever les morts et secourir les blessés qui sont portés chez plusieurs pharmaciens des environs, les autres se dispersent dans les rues et sur les boulevarts, en criant : Aux armes! Nous sommes trahis! On nous assassine! Les promeneurs épouvantés fuient et répandent au loin la funeste nouvelle, qui bientôt est connue de tout Paris.

Les cadavres des victimes encore palpitantes sont entassés sur un fourgon des messageries *Notre-Dame-des-Victoires;* le char funèbre, escorté de la foule furieuse, se dirige vers les bureaux du *National.*

Comment peindre l'aspect terrible de cet affreux convoi, ces corps naguère chantants et joyeux, maintenant inanimés, et chauds encore du feu des balles, le reflet sinistre des torches funéraires éclairant ces blessures livides et sanglantes, ces visages pâles et décolorés? Comment rendre les clameurs de la foule qui forme le lugubre cortége? Nous l'entendons encore s'écrier, en montrant les cadavres de ses frères lâchement mitraillés : « Ce sont des assassins qui les ont frappés! Nous les vengerons! Des armes, donnez-nous des armes! »

M. Garnier-Pagès, qui se trouvait en ce moment dans les bureaux du *National,* lui adresse quelques chaleureuses paroles, et lui promet de provoquer par tous les moyens la punition des coupables.

Le sinistre tombereau continue alors sa marche, et parcourant les divers quartiers de Paris, y sème le deuil et la colère. Partout, aux accents de douleur de ceux qui l'escortent, répondent les accents de l'indignation publique.

Aux armes!... Aux armes!... Vengeance!...

Ce cri qui jaillit de toutes les poitrines a bientôt traversé Paris... C'est la tempête qui éclate... c'est le tonnerre de la vengeance humaine qui a réveillé les plus lointains échos...

La lugubre nouvelle a produit dans les masses et dans les âmes les plus timides une commotion électrique; les hésitations disparaissent; un même sentiment pénètre tous les cœurs.

Mais aux cent mille bras qui s'agitent il faut des armes... Partout les boutiques d'armurier sont pillées; à défaut de baïonnettes et de sabres, le peuple saisit ses instruments de travail; il brise les grilles de fer qui entourent les monuments publics, et chaque barreau devient une arme; partout, il court reprendre ses barricades et en élever de nouvelles. Les rues sont dépavées, et bientôt une formidable muraille s'élève à l'entrée de chacune d'elles. Associées à la vengeance comme elles l'ont été à la misère, les femmes du peuple apportent leurs modestes couverts d'étain pour couler des balles. Loin de retenir près d'elles leurs protecteurs, elles les excitent, elles les stimulent. Puis, l'humanité reprend ses droits, et ces femmes, tout à l'heure si exaltées, passent le reste de la nuit à préparer du linge et de la charpie pour panser les blessures que le peuple va recevoir.

La lutte se ranime rue Transnonain, rue Rambuteau, dans la Cité, dans le quartier des Halles et sur la place de l'Hôtel de Ville. De tous côtés, la fusillade se fait entendre; la générale retentit dans les rues, et du haut de tous les clochers, le tocsin vient y mêler sa voix vibrante et lugubre. Chacun peut comprendre que dorénavant il ne s'agit plus d'émeute... C'est une révolution que doit éclairer le soleil du lendemain !

Séance de la Chambre des Députés

COMBAT DU CHATEAU D'EAU.

24 FÉVRIER 1848.

Depuis le fatal événement du boulevard des Capucines, la plus vive agitation n'avait cessé de régner pendant toute la nuit. Sur tous les points, de nouvelles barricades s'étaient élevées comme par enchantement; et dès que le jour avait paru, les travaux avaient été poussés avec une activité merveilleuse. Depuis le boulevard des Italiens jusqu'à la Porte-Saint-Denis, tous les arbres des boulevards étaient coupés, les colonnes renversées, les bancs arrachés. En un clin d'œil toutes les rues de Paris étaient en état de défense.

Quelques-unes des barricades faites avec soin offraient presque l'aspect d'une construction régulière. Sur le sommet de toutes flottait un drapeau tricolore avec l'inscription : *Vive la réforme!* Deux des principales élevées dans le faubourg Montmartre, au coin du boulevard et de la rue Grange-Batelière, étaient surmontées de drapeaux rouges et armées de deux pièces de canon qui avaient été abandonnées sur le boulevard par l'artillerie.

Ces préparatifs s'étaient achevés sans qu'aucun empêchement y eût été apporté. Les troupes de ligne rangées sur les boulevards, l'arme au pied, regardaient de loin sans agir. La physionomie des soldats était morne; l'incertitude et l'anxiété se peignaient sur leurs visages. Aucune agression n'avait lieu contre eux, et de leur côté ils paraissaient peu disposés à entamer la lutte.

Dans le quartier Saint-Martin, un bataillon de la ligne passait devant des hommes du peuple qui élevaient une barricade; il paraissait se préparer à prendre l'offensive, quand un ouvrier se détacha et courant à l'officier : « Commandant, dit-il, vous voyez, notre barricade n'est pas terminée, et nous ne serions pas en mesure de nous défendre. Rendez-vous dans une heure, s'il vous plaît. » L'officier le regarde, sourit, la troupe passe et ne revient plus.

Dans la nuit, M. Thiers avait été appelé par le roi, et le résultat de leur
entrevue avait été la proclamation suivante, qui cependant ne fut affichée
dans Paris qu'à dix heures du matin.

« CITOYENS DE PARIS,

« L'ordre est donné de suspendre le feu. Nous venons d'être chargés par le roi de
composer un ministère. La chambre va être dissoute. Un appel est fait au pays. Le général Lamoricière est nommé commandant en chef de la garde nationale de Paris.

« MM. Odilon-Barrot, Thiers, Lamoricière, Duvergier de Hauranne, sont ministres.

« LIBERTÉ, ORDRE, UNION, RÉFORMES.

« *Signé* ODILON BARROT et THIERS. »

Cette satisfaction offerte à l'opinion publique arrivait trop tard, et en
même temps n'était pas assez complète. Au nom de M. Thiers se rattachaient
les souvenirs impopulaires des forts détachés et des lois de septembre. En
outre *le Moniteur* avait publié le matin deux ordonnances aussitôt retirées
que rendues, nommant le maréchal Bugeaud commandant supérieur des
gardes nationales de la Seine, et commandant en chef des troupes de ligne
de la première division militaire. Le choix était encore malheureux, car si
le nom du maréchal rappelait aux Français plusieurs faits d'armes glorieux,
il rappelait aux Parisiens les massacres de la rue Transnonain. Ce n'étaient
toujours que des demi-concessions, et le peuple irrité commençait déjà à
parler d'abdication; encore un peu de sang versé, et il demandera une
déchéance et la République.

A sept heures du matin, le rappel avait battu dans tous les quartiers; les
tambours, loin d'être inquiétés par la foule, avaient été applaudis sur leur
passage, et on avait pu remarquer l'empressement des gardes nationaux à
se rendre à leurs mairies.

A huit heures et demie, de fortes patrouilles commencent à circuler:
quelques-unes d'entre elles sont accompagnées de détachements de chasseurs
de Vincennes qui paraissent être arrivés récemment, et dont les uniformes
sont souillés de boue. Les cris : *Vive la réforme! vive la garde nationale,
vive la ligne!* éclatent dans les groupes.

Le tocsin sonne à Notre-Dame-de-Lorette.

Jusqu'à ce moment, on n'avait pas encore vu un très-grand nombre
d'armes entre les mains du peuple; mais tout à coup on voit arriver par
la rue Montholon et la rue Cadet une masse populaire bien armée avec
les gibernes garnies, et on apprend qu'après avoir parlementé pendant
quelque temps, le régiment caserné rue du faubourg Poissonnière s'est

décidé à livrer ses armes. On apprend en même temps qu'au moment où la troupe de ligne défilait sur le boulevard retournant vers la Madeleine, les soldats de garde au Ministère des Affaires Étrangères, voyant l'accord qui règne entre le peuple et la troupe, se sont décidés à évacuer l'hôtel, et que, malgré les douloureuses scènes qui se sont passées la veille sur ce point, ces hommes qui n'ont fait qu'obéir ont pu se retirer tranquillement.

Deux officiers de la garde nationale qui étaient présents s'étaient empressés de placer en faction une sentinelle de la garde nationale, et une sentinelle prise parmi le peuple, à la porte de l'hôtel pour en défendre l'entrée et en conserver les précieuses archives. Sur l'un des battants de la porte on avait écrit à la craie : *Hôtel du peuple ;* sur l'autre, *Propriété nationale ;* et le peuple que sa gaieté n'abandonnait pas au milieu des balles, y avait ajouté deux écriteaux : *Boutique à louer ; Grand appartement à louer présentement.*

A onze heures environ, on apprend l'arrivée de trois mille Havrais et Rouennais qui viennent réclamer leur part du danger. Une masse énorme de garde nationale et de peuple se dirige vers la Chambre des députés.

Cependant l'agitation gagnait de proche en proche dans les quartiers Saint-Honoré et du Palais-Royal. Vers midi et demi, une centaine de citoyens se portent sur la place du Palais-Royal devant le Château-d'Eau, dont le poste est occupé par cent quatre-vingt-quatre hommes du 14ᵉ de ligne qui venaient de remplacer la garde municipale ; ils demandent aux soldats de livrer leurs armes, prenant l'engagement formel de les laisser tous sortir, et de les protéger même au besoin.. ils refusent. Pendant longtemps la foule augmentant sans cesse, essaie, mais en vain, tous les moyens de persuasion. L'irritation gagnait et n'avait pu être apaisée par la proclamation suivante qui venait d'être affichée dans Paris, mais qui là n'était point encore connue :

« CITOYENS DE PARIS.

« Le roi abdique en faveur du comte de Paris, avec la duchesse d'Orléans pour régente. Amnistie générale. Dissolution de la Chambre. Appel au pays. »

D'une énorme barricade élevée à l'entrée des rues de Valois et Saint-Honoré, quelques coups sont tirés sur le poste du Château-d'Eau, qui répond aussitôt par une décharge. C'est en ce moment que le général Lamoricière, arrivant accompagné d'un aide de camp et de deux officiers d'état-major de la garde nationale, est blessé à la main par les soldats et forcé de se retirer. Dès lors, plus de trève : toute tentative de conciliation devient inutile. La foule qui encombrait la place se retire dans l'angle du côté de la rue Richelieu, ou derrière la barricade de la rue de Valois; quelques hommes seulement occupent les deux autres angles de la place, les entrées des rues du Musée et de Chartres. Une fusillade terrible s'engage, et il nous serait impossible de reproduire tous les épisodes de ce combat le plus acharné et le plus meurtrier des trois jours. Ici, c'était Étienne Arago faisant le coup de feu, la poitrine découverte, et adossé aux colonnes du Palais-Royal; là un gamin de Paris, armé seulement d'un sabre, bravant les balles au milieu de la place pour encourager ses frères; plus loin, le comte d'Alton-Shée, pair de France, combattant dans les rangs du peuple...

Bientôt arrive une compagnie de la 3e légion commandée par le capitaine Jouanne; elle est suivie de celle du capitaine Lesseré, qui presque aussitôt tombe frappé d'une balle à la cuisse.

Cependant le poste du Palais-Royal n'avait pas suivi le funeste exemple de celui du Château-d'Eau; il avait rendu les armes, et le peuple, maître du palais, pouvait maintenant tirer de face sur le poste que jusque-là il n'avait pu attaquer qu'obliquement. Enfin, des matelas, des meubles, des débris de toutes sortes, lancés par les fenêtres du Palais-Royal, sont entassés devant le corps de garde par quelques hommes du peuple qui les transportent sous une grêle de balles. Des gardes nationaux avaient voulu prendre leur part de cette tâche périlleuse. Les hommes du peuple s'étaient jetés au-devant d'eux : « Retirez-vous, s'étaient-ils écriés : *nous n'avons pas de femmes, nous autres !* »

Des voitures de la cour qui brûlent devant le café de la Régence fournissent des brandons, mais le peuple fait de vains efforts pour enflammer l'immense bûcher qu'il a élevé, et ses tentatives impuissantes coûtent la vie à un grand nombre de victimes, jusqu'au moment où au milieu des cris d'admiration et d'effroi, un Zouave parvient à rouler une barrique d'huile qu'il défonce. Bientôt les flammes s'élèvent en tourbillons; la fumée étouffe et aveugle les soldats, et pourtant ils tirent encore, ils tirent toujours! Hélas! pourquoi ce noble courage avait-il à se déployer contre des Français, contre des frères! Au bout de quelques moments, la position n'est pourtant plus tenable; la fusillade se ralentit, puis cesse entièrement. Le drame touche à son dénouement. Chassée par la violence des flammes, la fumée ne masque plus la vue du poste, et la foule croit assister à l'affreuse agonie de ceux qui le défendaient. Mais déjà tous les soldats restés debout avaient pu fuir par la rue du Musée, et des cadavres seulement furent ensevelis sous les décombres enflammés. Le lendemain, l'incendie durait encore.

Parmi les cris de victoire s'en élève un autre qui bientôt les domine : Aux Tuileries! Le peuple s'élance... Suivons-le.

Départ de Louis-Philippe.

DÉPART DE LOUIS-PHILIPPE.

24 FÉVRIER 1848.

Au même instant où se livrait le sanglant combat du Château-d'Eau, une autre scène presque aussi terrible se passait sur la place de la Concorde qu'encombrait une foule immense.

Sans aucune provocation, le poste de garde municipale placé à l'entrée des Champs-Élysées, au coin de la rue de ce nom, avait fait feu sur le peuple. En quelques instants le poste est emporté; mais les victimes avaient été nombreuses, et le peuple irrité ne peut dans le premier moment retenir l'explosion de sa vengeance: les gardes municipaux sont presque tous massacrés. L'un d'eux doit son salut à un garde national qui le protége; un autre à l'héroïque présence d'esprit d'une jeune fille qui se précipite dans ses bras en criant : « Épargnez mon père! »

Pendant l'attaque de ce poste, quelques-uns des soldats de ligne du corps de garde du pont Tournant avaient également fait feu du haut des terrasses, imitant le funeste exemple d'un plus grand nombre de gardes municipaux qui, placés sur celle des terrasses qui s'étend entre la grille et la rue de Rivoli, avaient blessé deux soldats et un officier de la garde nationale, et tué un capitaine de cuirassiers. On l'a su plus tard, leurs balles blessèrent aussi M. de Calvière, fils de l'ancien pair de France, et frappèrent mortellement M. Jollivet, député, quelques instants après celui où par leur dévouement, ces deux citoyens venaient d'arracher à la mort un des malheureux municipaux du poste des Champs-Élysées.

Ces derniers coups de feu qui semblaient un guet-apens, et qui rappelaient l'horrible fusillade de la veille, excitèrent une indignation indicible. La foule se porta de ce côté: déjà les gardes municipaux avaient fui. L'officier qui commandait le poste de ligne, et qui s'était empressé de faire cesser le feu, implora alors la protection d'un détachement de quarante hommes environ appartenant à la 2e légion qui stationnait sur la place, et offrit de lui remettre le poste. « Nous voulons bien vous protéger, dirent les gardes nationaux, mais nous ne relèverons pas votre poste, car nous ne voulons pas défendre la royauté. »

La garde nationale se range alors en ligne devant la grille fermée des Tuileries, et parvient par ses discours et son attitude à calmer l'irritation de la foule et à soustraire les malheureux soldats à une mort certaine.

Presque aussitôt les gardes nationaux voient accourir un aide-de-camp, pâle, les traits décomposés : « Messieurs, s'écrie-t-il, un dernier service, sauvez le roi ! »

Il est environ deux heures.

A peine les gardes nationaux avaient-ils eu le temps de comprendre cette nouvelle inattendue, qu'ils voient, par la partie du jardin qui longe la rivière, s'avancer le triste cortége qu'accompagnent quelques cavaliers. Les gardes nationaux se forment en haie, et se joignent à l'escorte. .

Devant marchaient plusieurs princesses vêtues de noir, et portant leurs enfants dans les bras ; puis venait Louis-Philippe, en frac noir et chapeau rond, sans décorations aucunes, le visage abattu, la tête courbée, s'appuyant sur la reine en grand deuil qui, dans cet instant suprême, paraissait conserver plus d'énergie. Pauvre femme ! qu'était cette douleur auprès de celles qui avaient frappé tant de fois son cœur d'épouse et de mère ?

Deux dames d'honneur suivaient encore avec une trentaine de personnes en bourgeois ou en uniforme, parmi lesquelles M. Crémieux qui, quelques instants plus tard, put annoncer à la Chambre qu'il venait de mettre la royauté en voiture.

Une foule immense se pressait sur le passage du cortége ; les gardes nationaux l'invitaient à s'abstenir de toute manifestation hostile en présence de cette grande infortune.

Dans un autre temps, lorsque Louis XVI fut ramené de Varennes, le peuple avait écrit sur les murs de Paris : « Celui qui applaudira Louis sera bâtonné ; celui qui l'insultera sera fusillé. »

Malgré toutes les recommandations, quelques cris retentirent sur le passage de Louis-Philippe, mais ce n'étaient que ceux de *Vive la réforme ! vive la France !* Les chevaux de l'escorte, effrayés par ces cris, se cabrèrent et jetèrent le désordre dans la foule. Un instant on put croire les jours de la famille royale en péril, car la faible escorte ne pouvait réussir à contenir les flots du peuple. « Messieurs, épargnez le roi, s'écrie un officier de cuirassiers. — Nous ne sommes pas des assassins, répond la foule, qu'il parte, qu'il parte ! »

Arrivé au milieu de la place, le cortége s'arrête un instant au pied de l'obélisque. Quels terribles souvenirs ! Quel fatal rapprochement. Là était tombée la royauté de 1774 du haut de cet échafaud où devait bientôt la suivre celui qui l'y avait poussée.

Et c'était là que pour la royauté de 1830 devait commencer l'exil!

Près de l'asphalte stationnaient trois petites voitures basses; la première à deux chevaux, les autres à un seul. Le roi monta dans la première avec la reine et deux jeunes enfants; les princesses montèrent dans les deux autres. Une d'elles était oubliée presque sans connaissance; un sergent de la garde nationale la relève, la soutient, ouvre la dernière voiture et l'y fait monter. Les trois voitures partent au galop, accompagnées de dragons, de cuirassiers et de quelques gardes nationaux à cheval, et Louis-Philippe a salué d'un dernier regard ce château des Tuileries qu'il ne doit plus revoir, cette belle capitale où il eût pu régner entouré de l'amour d'un grand peuple et de toute la splendeur du trône.

Quelques mots sur les événements qui avaient précédé et motivé le départ du roi.

On avait attendu au château avec la plus grande anxiété l'effet de la première proclamation qui annonçait la nomination du ministère Thiers et Odilon-Barrot; puis de la seconde portant abdication du roi. Lorsqu'on connut l'accueil qui leur avait été fait, lorsqu'on sut que le mouvement avait pris le caractère d'une insurrection, lorsqu'on sentit le flot populaire s'avancer en grondant, un sentiment de terreur avait succédé à la consternation qui régnait aux Tuileries. Louis-Philippe ne trouvant plus autour de lui que des conseils timides, des hésitations, se décide à faire une nouvelle tentative sur l'esprit de l'armée.

Accompagné de ses deux fils, les ducs de Nemours et de Montpensier, il monte à cheval, et passe en revue les troupes rangées en bataille sur le Carrousel et dans la cour des Tuileries.

Accueilli par les cris de *Vive la réforme!* auxquels se mêlent à peine quelques vivats, dernier hommage, ou plutôt dernier adieu à la royauté, il comprend que les sympathies de la garde nationale et de l'armée sont perdues pour lui, et pour la première fois la lumière s'est faite dans son âme. Morne et découragé, il reprend la route du château et remonte dans ses appartements, tandis que le duc de Nemours et le duc de Montpensier se rendent à la Chambre avec la duchesse d'Orléans.

Bientôt des nouvelles plus alarmantes encore arrivent de tous côtés; on comprend qu'il n'y a plus d'espoir; le départ est résolu. Le coup était tellement imprévu que rien n'était préparé, et au moment de quitter le château, ce fut Marie-Amélie qui, faute de valet de chambre, aida Louis-Philippe à quitter le grand uniforme sous lequel il venait de passer sa dernière revue!

Telle fut la précipitation de ce départ, ou plutôt de cette fuite, que la duchesse de Montpensier fut oubliée, et ne put partir que plus tard sous la protection du général Thierry.

Louis-Philippe quitta sa capitale sans emporter la moindre part de ses immenses trésors, et ce fut dans le dénuement le plus absolu qu'il débarqua en Angleterre, après avoir erré plusieurs jours sous un déguisement sur les bords de la Manche.

Qui eût pu penser, il y a dix-huit ans, qu'un jour viendrait où il aurait à envier le sort de Charles X, reconduit en roi jusqu'à Cherbourg, sous l'escorte de ses gardes du corps et de ce même député, Odilon-Barrot, dont les discours devaient préparer la chute de son successeur.

Le Christ.

LE CHRIST DES TUILERIES.

24 FÉVRIER 1848.

La troupe s'était formée sur la place du Carrousel, le long des quais adjacents et autour de la Chambre des députés ; mais elle se laissait envahir et pénétrer par de nombreux groupes de citoyens qui arrivaient drapeau en tête.

Un simple lieutenant de la 3ᵉ légion, se présentant en parlementaire, était allé droit au duc de Nemours posté devant le pavillon de l'horloge au milieu de son état-major, et lui avait dit : « Monsieur, six légions de la garde nationale vont cerner les Tuileries ; les citoyens qui attaquent en ce moment le Château-d'Eau se disposent à se joindre à elles ; le combat est imminent ; il sera terrible. Le sang versé retombera sur votre tête, car ce seront des frères qui s'égorgeront. »

Le duc de Nemours, comprenant que tout était perdu, avait donné des ordres pour faire retirer les troupes. Aussitôt elles avaient abandonné le terrain en conservant l'attitude la plus régulière et la plus pacifique, et partout elles rentraient dans leurs quartiers aux cris de : *Vive la ligne ! vive l'artillerie ! vivent les dragons !*

Nous avons vu que déjà la famille royale avait abandonné le château ; la résistance devait donc être nulle aux Tuileries. La grille qui fait face à la rue Castiglione est renversée avec deux de ses piliers par le peuple que guide un élève de l'École polytechnique, et le flot arrive presque en même temps aux Tuileries par la cour et par le jardin. En un instant les appartements sont envahis ; des hommes en blouse occupent toutes les fenêtres du palais ; des milliers de coups de fusil sont tirés en l'air en signe de réjouissance ; des enfants sonnent à toute volée le carillon des Tuileries, et arborent le drapeau rouge sur le pavillon de l'Horloge. Des scènes regrettables de dévastation ont lieu ; cependant le dégât est moindre qu'au Palais-Royal. Quelques tableaux seulement sont déchirés ; des coups de fusil sont tirés dans les portraits du roi et du maréchal Soult ; des meubles, du linge, des papiers, sont jetés par les fenêtres ; plusieurs bûchers s'élèvent dans la cour, et beaucoup d'objets précieux sont détruits.

Mais le peuple, qui dans un premier mouvement avait un instant donné cours à sa colère, revient bientôt à des sentiments plus calmes ; il suffit alors de quelques jeunes gens de l'École polytechnique, de quelques ouvriers plus sages et plus prudents qui comprennent mieux la grandeur et la beauté du triomphe, pour leur persuader que si les rois doivent être punis lorsqu'ils se séparent des intérêts du peuple, ce ne doit être qu'en les chassant, et non pas en brisant les monuments de l'art qui sont la richesse et la gloire de la nation. Alors on entend sortir de la bouche de ceux qui demain peut-être n'auront pas de pain à donner à leur famille, des exhortations à ne rien dégrader, à ne rien détruire. L'appartement du duc de Nemours avait été saccagé ; ceux des autres membres de la famille royale restent intacts. Pas une toile n'est touchée dans les salons du duc d'Orléans, qui renferment une galerie justement célèbre.

Partout sont placés des écriteaux avec ces mots : *Mort aux voleurs !* et plus d'une fois le peuple prouve que ses menaces ne sont point vaines. Trois hommes pris en flagrant délit de vol sont fusillés sur la plateforme du château. Un autre voleur en est quitte à meilleur marché, il est arrêté avec de l'or : « Tu ne vaux pas une cartouche, » disent les citoyens, et ils le renvoient après une large distribution de coups de pieds et de soufflets.

Des factionnaires improvisés fouillent toutes les personnes à la sortie des appartements royaux ; ils ne laissent emporter que des lambeaux de rideaux, ou de livrée, innocents trophées de la victoire populaire.

Quelques ouvriers s'étaient couverts en plaisantant des livrées de Louis-Philippe ; ils les quittent à l'instant où on leur fait observer que les galons de ces habits sont en or.

Les traits de probité et de désintéressement qui se produisent sont innombrables. Des ouvriers ayant trouvé de nombreuses pièces d'argenterie s'empressent de les transporter à la mairie du dixième arrondissement ; celle du troisième reçoit une boîte remplie de bijoux trouvée dans les appartements de la reine.

Une grande quantité d'argent monnayé se trouvait dans les divers appartements. Un homme du peuple verse tout cet argent dans une baignoire qu'il recouvre d'une couverture de velours de manière à lui donner l'apparence d'un lit de repos ; il se couche ensuite dessus, et attend dans cette position qu'on soit venu enlever et mettre en sûreté le trésor qu'il a réuni.

Quantité d'effets précieux, de bijoux de toute espèce, de diamants, étaient à la disposition de ces hommes qui trop souvent manquent du nécessaire ; ils

les recueillent soigneusement, et en dressent même un inventaire sous le
contrôle d'un élève de l'École polytechnique et d'un garde national. Plus
tard, MM. Bastide et Bixio, ayant été chargés par le gouvernement provisoire
de présider à l'enlèvement de ces objets, trouvèrent ces braves gens montant
la garde auprès des malles et caisses où ils avaient rassemblé ces trésors.
Lorsque le transport eut été effectué, un de ces hommes s'approcha de
M. Bastide : « Monsieur, dit-il, on nous a oubliés depuis hier ; il est midi,
et nous n'avons rien mangé. Nous voudrions bien avoir un peu de pain ! »

Un brave ouvrier, qui avait vaillamment combattu pendant les trois jours,
était entré un des premiers aux Tuileries, et en parcourant les appartements
royaux avait succombé à la tentation de prendre une épingle jumelle ornée
de deux perles assez grosses. Le 14 mars, cet homme se présentait chez le
commissaire de police de son quartier, et lui confessant franchement sa
faute : « Ce que j'ai fait, dit-il, me pèse sur la conscience ; on pouvait me
fusiller comme un voleur, et je l'avais bien mérité ! J'aurais rendu l'épingle
tout de suite, mais voilà comment la chose est arrivée : nous sommes quatre
à vivre à la maison ; je n'avais plus le sou ; je me disais : la besogne ne
reprendra peut-être pas de si tôt ; en attendant il faudra manger, moi et
mon monde. J'ai donc été mettre l'épingle *au clou* (au Mont-de-Piété), et on
m'a prêté dessus cent sous, qui, en effet, nous ont été bien utiles. Voilà les
cinq francs et la reconnaissance ; maintenant je n'ai plus rien à personne, et
je pourrai dormir tranquille. »

L'épingle avait bien une autre valeur que celle estimée par le commis du
Mont-de-Piété, qui, sans doute, avait basé son appréciation sur la mine de
l'emprunteur. Ce bijou avait appartenu au duc de Nemours, et chaque perle
valait cinq cents francs.

Les caves des Tuileries, il faut le dire, ne furent pas aussi scrupuleuse-
ment respectées. Pourtant un homme du peuple avait dit : « Ce vin-là
ne doit pas être bon... il n'a pas le temps de vieillir dans les caves des
Tuileries. »

Le trône, que chacun a voulu essayer, est enlevé par des mains robustes
et porté triomphalement par les boulevards jusqu'à la Bastille où il est brûlé
sur le soubassement de la colonne de Juillet. Un homme s'était écrié en
voyant passer ce bizarre cortége : « Voici pourtant la première fois que le
trône s'appuie sur le peuple ! » Le mot n'était pas parfaitement juste, peut-
être ; si le trône ne s'appuyait pas, il pesait sur le peuple depuis longtemps.

Un autre cortége plus imposant et plus noble sortait aussi des Tuileries.
Le peuple avait trouvé dans la chapelle un magnifique christ sculpté : « Mes
amis, s'écrie un élève de l'École polytechnique, voilà notre maître à tous !
Chapeau bas devant le Christ ! »

Le peuple s'incline, prend le christ avec respect et le porte à Saint-Roch, répétant sur son passage : « Citoyens, chapeaux bas devant le Christ! » et chacun se découvre.

Rappelons-nous que dans un des banquets qui avaient précédé la révolution, un toast avait été porté à Jésus-Christ, comme au plus grand des réformateurs et au plus sincère des républicains.

Rappelons-nous aussi qu'au XVIᵉ siècle, Florence, après avoir un moment secoué le joug des Médicis, avait déclaré Jésus-Christ roi perpétuel de sa république.

SÉANCE DE LA CHAMBRE DES DÉPUTÉS.

24 FÉVRIER 1848.

Au moment où Louis-Philippe abandonnait les Tuileries, dans lesquelles le peuple entrait en vainqueur, un autre drame peut-être plus saisissant encore se passait à la Chambre des Députés. Nous reproduirons dans son entier cette séance qui doit être à jamais célèbre dans les fastes des révolutions de France.

Malgré l'annonce qui avait été faite d'une réunion dans les bureaux à une heure, et de la réunion en séance publique seulement pour trois heures, le président Sauzet monte à une heure précise au fauteuil.

Vers une heure et demie, la nouvelle se répand dans les tribunes que la duchesse d'Orléans va se présenter avec ses deux fils. Les députés entrent en foule dans la salle des séances; ils sont au nombre d'environ trois cents. Le banc des ministres est entièrement vide.

Un mouvement se manifeste vers la porte du couloir d'entrée; c'est en effet la duchesse d'Orléans qui se rend au sein de l'Assemblée accompagnée de ses deux fils, et des ducs de Nemours et de Montpensier. En même temps plusieurs citoyens entrent dans la salle. Parmi eux est M. Emmanuel Arago.

Les huissiers portent à la hâte dans l'hémicycle, au pied de la tribune, un grand fauteuil en cuir. Aux côtés de ce fauteuil on place deux chaises.

La duchesse d'Orléans entre par la porte de droite au milieu d'un profond silence, bientôt interrompu par des acclamations. Elle est entièrement vêtue de noir; ses deux fils, le comte de Paris et le duc de Chartres, s'asseyent à ses côtés. Derrière eux sont debout les ducs de Nemours et de Montpensier. La princesse, accueillie par de nouvelles acclamations, se lève à plusieurs reprises pour saluer l'Assemblée.

M. Dupin monte à la tribune : « Messieurs, dit-il, les manifestations qui ont eu lieu ont eu pour résultat l'abdication de S. M. Louis-Philippe, qui a déclaré en même temps qu'il déposait le pouvoir et le laissait à la libre transmission sur la tête de S. A. R. M. le comte de Paris, avec régence de madame la duchesse d'Orléans. » (Des acclamations s'élèvent sur plusieurs bancs.)

« Messieurs, vos acclamations, témoignage si précieux pour le nouveau roi et pour madame la Régente, ne sont pas les premières qui l'aient accueillie. Elle vient de traverser à pied les Tuileries, la place et le pont, accompagnée de ses fils, escortée par la garde nationale... »

UNE VOIX DES TRIBUNES : « Il est trop tard. »

M. DUPIN. « La princesse comprend ce que cette mission lui impose, pénétrée, comme elle l'est, du sentiment profond de l'intérêt public et confiante dans l'appui du vœu national.

« Messieurs, il faut que le vœu solennel de la Chambre et du pays se traduise par un acte. En attendant l'acte d'abdication, qui sans doute va être apporté par M. Odilon-Barrot, je propose que la Chambre donne acte des acclamations qui viennent de s'élever, et ordonne l'insertion au procès-verbal de la proclamation de M. le comte de Paris comme roi des Français, avec la régence de madame la duchesse d'Orléans. » (Applaudissements au milieu desquels se perd une phrase prononcée par le président.)

M. Marie monte à la tribune.

M. Emmanuel Arago, placé au bas de la tribune, adresse la parole aux députés avec une grande vivacité; il discute avec M. Sauzet qui lui refuse la parole. L'hémicycle est entièrement occupé par des députés, par des officiers de la garde nationale et par des gardes nationaux.

LE PRÉSIDENT. « Avant de donner la parole à qui que ce soit, je rappelle qu'au nom de la Chambre, et sur la proposition de M. Dupin, je viens de déclarer qu'attendu l'abdication du roi Louis-Philippe et les acclamations de la Chambre, la Chambre proclamait M. le comte de Paris roi des Français, avec la régence de son auguste mère. »

M. de Lamartine monte à la tribune, et se place à côté de M. Marie.

LE PRÉSIDENT au milieu du bruit : « M. de Lamartine propose que la Chambre ne continue sa délibération qu'après le départ de la famille royale. »

M. DE LAMARTINE. « Je demande en effet la suspension de la séance jusqu'au départ de la famille royale. C'est un devoir que nous avons à remplir. »

Ici un tumulte s'élève; deux personnes prennent les jeunes princes dans leurs bras, et suivies de la duchesse d'Orléans se dirigent vers la porte de droite; puis, quelque hésitation se manifeste; et les cris : par ici, par ici! s'élevant vers la porte de gauche, et ensuite vers la grande porte du milieu, dans l'Assemblée et dans le petit cortége qui se presse autour des princes, jettent la plus grande confusion dans l'hémicycle. La duchesse prend le parti de se rasseoir avec ses deux enfants.

M. LE PRÉSIDENT. « Messieurs, laissons s'effectuer le départ de la famille royale. Faisons en sorte qu'une mère, accompagnée de ses fils, obtienne les égards et le respect prescrits à tous. »

Le général Oudinot. « J'en appelle aux sentiments de la Chambre : faisons qu'une mère qui a traversé Paris à pied avec ses deux enfants pour se rendre ici, puisse sortir paisiblement de cette enceinte ; voilà ce que nous demandons. Nous demandons que le passage vers la porte du fond soit ouvert. »

M. le Président. « L'hémicycle est obstrué. Je ne puis qu'inviter les personnes étrangères à la Chambre à sortir de l'enceinte. Veuillez respecter l'Assemblée ; veuillez sortir, messieurs, il est impossible que qui que ce soit ait la parole en ce moment. »

La princesse et ses deux fils montent le petit escalier qui sépare les deux centres, se dirigeant vers la porte du fond, précédés des ducs de Nemours et de Montpensier. Arrivés au sommet des gradins, ils sont empêchés d'aller plus loin par la foule qui se presse à la porte. La duchesse d'Orléans s'asseoit alors avec ses enfants sur le banc le plus élevée du centre droit.

M. Marie continue d'être à la tribune, et se dispose à prendre la parole.

Plusieurs voix : « Barrot ! Barrot ! »

M. Crémieux. « M. Barrot succédera, mais écoutez M. Marie. »

M. Marie. « Messieurs, dans la situation où Paris se trouve, vous n'avez pas un moment à perdre pour prendre une mesure qui soit efficace sur la population. Depuis ce matin le mal a fait d'immenses progrès, et si vous tardez encore un instant, qui peut prévoir les maux qui viendront assaillir le pays ? On vient tout à l'heure de proclamer madame la duchesse d'Orléans, mais vous avez une loi qui nomme M. le duc de Nemours régent ; vous ne pouvez pas aujourd'hui faire une loi. Cependant il faut aviser ; il faut à la tête du pays un gouvernement provisoire. (Acclamations.) Je demande qu'un gouvernement provisoire soit institué. (Nouvelles acclamations.) Quand il le sera, il avisera ; de concert avec la Chambre, il aura autorité sur le pays. »

M. Crémieux. « Messieurs, dans l'intérêt public, il y a une grande mesure à prendre ; il est impossible que tout le monde soit d'accord pour proclamer immédiatement madame la duchesse d'Orléans régente, et M. le comte de Paris roi. La population ne peut accepter immédiatement cette proclamation. En 1830, nous nous sommes hâtés, et nous sommes obligés en 1848 de recommencer. Nous ne voulons pas nous hâter en 1848 ; nous voulons procéder régulièrement, légalement, fortement. Un gouvernement provisoire que vous nommerez rassurera la population au sujet de tout ce qui lui avait été promis en 1830 et n'a pas été tenu. J'ai le plus profond respect pour madame la duchesse d'Orléans, (Applaudissements) et tout à l'heure je viens d'accompagner la famille royale jusqu'aux voitures qui l'ont transportée. »

Une voix des tribunes : « Bon voyage. »

M. Crémieux. « Toute la population, je dois le déclarer, a parfaitement accueilli le malheur du roi et de sa famille. Maintenant la générosité de la population ne suffit pas. La garde nationale s'est manifestée ; elle a dit son opinion. Eh bien ! une proclamation que nous ferions, nous qui n'avons mission que de faire des lois, et qui commencerions par la violation d'une loi, voilà ce que je ne puis pas souffrir. Il faut un gouvernement provisoire. Choisissez-le ferme et résolu ; sa voix sera écoutée. Croyez-nous un peu, nous vous en supplions, et puisque nous en sommes arrivés à ce point de subir une révolution quand nous avions voulu le changement de quelques hommes, tâchons de faire une œuvre durable, et ne laissons pas à nos fils le besoin de recommencer. » (Applaudissements.)

M. de Genoude. « Messieurs, il n'y a rien sans le concours du pays. En 1830, vous n'avez pas appelé le pays, et vous voyez ce qui vous arrive ; ce sera la même chose aujourd'hui. »

M. Odilon-Barrot. « Jamais, messieurs, nous n'avons eu plus besoin de sang-froid et de patriotisme. Puissions-nous tous rester unis, dans le même sentiment, celui de sauver le pays du fléau de la guerre civile. Les nations sans doute ne meurent pas ; mais elles peuvent s'affaiblir par les dissensions intestines. Jamais la France n'a eu plus besoin de toute sa grandeur et de toutes ses forces. Dans cette situation, notre devoir est tout tracé, et il est d'une très-grande simplicité ; je m'adresse au courage et à l'honneur de chacun : la couronne de Juillet repose sur la tête d'une femme et d'un enfant.

« Je fais un appel solennel... » (Interruption.)

La duchesse d'Orléans se lève et s'apprête à prendre la parole ; mais les personnes qui l'entourent l'obligent à se rasseoir.

M. Odilon-Barrot. « C'est au nom de la liberté politique de mon pays, de la nécessité du rétablissement de l'ordre, de l'union, de l'accord de tous, dans des circonstances aussi difficiles, que je demande à mon pays de se rallier à cette double représentation de la révolution de Juillet.

« Quant à moi, j'ai consacré toute mon existence et toutes mes facultés à faire triompher cette belle cause de la révolution de Juillet, qui est celle de la vraie liberté de mon pays. »

M. Larochejaquelein. « Je demande la parole. »

M. Odilon-Barrot. « Est-ce que par hasard on voudrait revenir sur les grandes questions décidées par la révolution de Juillet ? (Bruit confus.) Les circonstances sont difficiles, mais dans ce pays il y a de tels éléments de grandeur, de force, de générosité, qu'il suffit de lui faire un appel pour que toute la population de Paris se lève autour de cet étendard. Il y a là tous les moyens d'assurer toutes les libertés auxquelles le pays peut justement pré-

Combat du Château-d'Eau

tendre, de les concilier avec le maintien de l'ordre, de rallier enfin toutes les forces unies du pays.

« Ce devoir est simple ; je le répète... Vous êtes pressés de le remplir pour l'honneur, pour le véritable intérêt du pays. Si nous ne savons pas le remplir avec fermeté, avec persévérance, avec courage, je ne sais quelles seront les conséquences. Mais soyez convaincus, comme je le disais en commençant, que celui qui a le courage de prendre la responsabilité de la guerre civile, est coupable au premier chef ; coupable envers son pays, envers la liberté du monde entier. Quant à moi, cette responsabilité je ne voudrais pas la prendre. La régence de madame la duchesse d'Orléans, un ministère choisi dans les opinions les plus éprouvées, et puis l'appel au pays, de façon à ce que son opinion se prononce en toute liberté, avec calme, au nom des vrais intérêts du pays, voilà mon opinion. Je ne saurais prendre la responsabilité d'une autre situation. »

M. Larochejaquelein. « Personne plus que moi ne respecte et ne sent profondément ce qu'il y a de touchant dans certaines situations. Je n'en suis pas aujourd'hui à ma première épreuve. Je réponds à M. Odilon-Barrot que je n'ai pas la folle présomption de venir ici élever une prétention à côté de sa propre prétention. Mais je crois qu'il n'a pas servi comme il l'aurait dû les véritables intérêts du pays. Il appartient peut-être plus à ceux qui ont servi longtemps les rois de parler du peuple et de la liberté. Eh bien ! messieurs, vous n'êtes plus rien. » (Cris : A l'ordre.)

Le Président. « Je rappelle l'orateur à l'ordre. »

M. Larochejaquelein. « Quand j'ai dit que vous n'êtes plus rien, je ne croyais pas soulever des orages. Ce n'est pas moi... »

Dans cet instant un grand nombre de citoyens, dont plusieurs portent des drapeaux et sont armés de fusils ou de sabres, pénètrent dans la salle par les deux portes de droite et de gauche. Un officier de la garde nationale s'élance à la tribune et y place un drapeau tricolore.

MM. Crémieux, Ledru-Rollin et de Lamartine demandent la parole ; elle est accordée à M. Ledru-Rollin.

M. Ledru-Rollin monte à la tribune. La plus vive agitation règne dans la salle. « Au nom du pays, je viens protester, dit-il, contre l'espèce de gouvernement qu'on est venu proposer à cette tribune. En 1842, lors de la discussion de la loi de régence, seul ici j'ai déclaré qu'elle ne pouvait pas être faite sans un appel au pays. On vient tout à l'heure de vous parler de 89 ; eh bien ! je vous rappellerai, moi, la constitution de 91. Dans la constitution de 91, un article déclare formellement que l'Assemblée constituante, et remarquez, *constituante*, avec des pouvoirs spéciaux, n'avait cependant pas le droit de faire une loi de régence sans un appel au pays.

« Or, qu'arrive-t-il? Depuis deux jours nous combattons pour le droit contre la force; et vous prétendez que ce gouvernement éphémère de Juillet existe. Nous disons, nous, qu'il faut un appel au pays pour faire une régence, et qu'on ne peut l'implanter comme on vient d'essayer de le faire d'une façon si singulière et si usurpatrice. Cet expédient n'a pas de racines dans ce pays. Au nom du droit de tous, je proteste contre cette usurpation des droits du peuple.

« Vous parlez de l'effusion du sang! Ah! je suis sensible à un tel malheur, moi qui l'ai vu de près... »

Une voix. « Trois mille citoyens sont morts! »

M. Ledru-Rollin. « Mais laissez-moi aussi vous parler du droit du peuple, de ce peuple qui se bat en ce moment, et se battra ce soir encore si vous lui résistez. En 1815, Napoléon, pour la régence du roi de Rome, crut nécessaire de faire un appel au pays, et vous voudrez n'en pas faire aujourd'hui! Le pays est tout, on ne peut rien faire sans lui. (Acclamations dans les tribunes.) Pour me résumer, je demande un gouvernement provisoire et l'appel immédiat à une Convention. »

M. de Lamartine. J'ai partagé le double sentiment qui a agité cette enceinte en voyant le spectacle si touchant d'une princesse auguste quittant un palais désert, et venant se placer au milieu de cette assemblée; mais en ce moment, nous avons le spectacle imposant de l'égalité, et cette égalité nous impose le devoir de reconnaître la suprématie hiérarchique des hommes appelés non définitivement à donner le premier signal du rétablissement de la concorde dans le pays.

« Si j'ai partagé cette émotion qui s'est emparée de tous en voyant s'asseoir au milieu de nous une princesse auguste, j'ai aussi partagé l'émotion de cette population glorieuse qui a combattu un gouvernement parjure pour rétablir sur une base désormais inébranlable l'empire de l'ordre et de la liberté. (Acclamations.)

« Quel que soit le gouvernement qui soit nommé, ce qui importe avant tout au peuple, à tous ceux qui ont versé si glorieusement leur sang pour la liberté, c'est d'aller chercher dans le fond même du cœur du pays le sentiment national. Voilà ce qu'il y a à faire, au lieu de recourir à ces subterfuges, à ces surprises, à ces émotions soudaines pour en obtenir une de ces solutions qui ne laissent rien de solide après elles. Je viens donc appuyer de toutes mes forces une proposition que je voulais porter le premier à la tribune; je demande un gouvernement privisoire, pour étancher le sang qui coule, pour arrêter la guerre civile, qui suspende ce malentendu terrible qui existe au milieu de nous depuis quelques années. Il faut qu'on le constitue immédiatement; je le demande au nom de la liberté, au nom de l'ordre public, au nom du sang qui coule, au nom de ce peuple qui a besoin de son travail, et à qui ces trois jours de glorieux combats ont enlevé peut-être ses moyens d'existence...

« Ce gouvernement aura pour première et grande mesure de rétablir la paix entre les citoyens, et de préparer à l'instant les mesures nécessaires pour convoquer le pays tout entier dans la personne de quiconque a droit au nom de citoyen. » (Acclamations prolongées.)

Ici un assez grand nombre d'individus, porteurs de fusils, pénètrent dans une tribune haute.

Le président déclare la séance levée, et quitte le fauteuil. La duchesse d'Orléans et les princes sont rapidement enlevés par le couloir semi-circulaire jusqu'à la petite porte qui est derrière les bancs les plus élevés de l'extrême gauche.

M. Dupont (de l'Eure) est conduit au fauteuil par M. Carnot au milieu d'acclamations. M. Carnot dominant le bruit : « M. Dupont (de l'Eure) prend la présidence de l'Assemblée. »

Voix nombreuses. « Les noms, les noms des membres du gouvernement provisoire. »

M. de Lamartine s'efforce de dominer le bruit que ses exhortations ne parviennent pas à calmer.

Quelques voix. « Dupont (de l'Eure), Dupont (de l'Eure)! »

D'autres voix. « Il est au fauteuil; silence! écoutez-le ! »

M. de Lamartine (au milieu du bruit). « Je vais lire les noms. » (Le bruit continue et le tumulte va toujours croissant.)

Une voix. « Écoutez donc la proclamation des noms! »

Un homme armé d'un fusil. « Nous ne demandons qu'un moment le silence; nous voulons seulement entendre le nom des personnes qui composeront le gouvernement. »

Une autre personne. « Du silence dépend le salut de tous. Je le réclame pour qu'on puisse entendre M. Dupont (de l'Eure).

Une voix. M. Dupont (de l'Eure) avant tout. »

Une autre voix. « Vive la république! »

Beaucoup de personnes pressent et entourent M. de Lamartine et l'engagent à attendre le rétablissement du silence pour parler. « Au nom du peuple, s'écrie l'une d'elles, du silence! laissons parler M. de Lamartine. »

M. de Lamartine. « Un moment de silence, messieurs. (Le silence se rétablit un instant.) Messieurs, la proposition qui a été faite, que je suis venu soutenir, et qui a été consacrée par vos acclamations à cette tribune, elle est accomplie. Un gouvernement provisoire va être proclamé nominativement. (Bravo! bravo! Vive Lamartine!) Maintenant, messieurs... »

Voix nombreuses. « Nommez-les, nommez-les! »

M. de Lamartine. « On va les nommer. »

M. de Lamartine, après avoir attendu quelques instants que le calme se rétablisse, se retire sur le derrière de la tribune. Le bruit ne cessant pas, on écrit le nom des membres du gouvernement sur une feuille de papier, et on promène cette liste au bout d'un fusil.

Enfin, au milieu des cris, M. Ledru-Rollin lit les noms. Le tumulte est à son comble. Tous les députés sont partis. La salle est occupée par le peuple et la garde nationale.

M. Ledru-Rollin. « Nous sommes obligés de lever la séance pour nous rendre au siège du gouvernement. »

De toutes parts. « A l'Hôtel de Ville! Vive la république! »

Le gouvernement provisoire est composé de MM. Dupont (de l'Eure), Lamartine, Crémieux, Arago, Ledru-Rollin, Garnier-Pagès, Marie; il a pour secrétaires MM. Armand Marrast, Louis Blanc, Ferdinand Flocon, et Albert, ouvrier.

Après le départ des membres du gouvernement, le tumulte redouble dans la Chambre. Quelqu'un appelle tout à coup l'attention sur le grand tableau placé au-dessus du bureau, représentant Louis-Philippe jurant la charte. Des hommes s'élancent sur le bureau pour le déchirer à coups de sabre; un ouvrier armé d'un fusil double, qui se trouve dans l'hémicycle, s'écrie : « Attendez, je vais tirer sur Louis-Philippe! » Au même instant, deux coups de feu éclatent. (Cris divers.) Un autre ouvrier s'élance immédiatement à la tribune et prononce ces mots : « Respect aux monuments! respect aux propriétés! Pourquoi détruire? pourquoi tirer des coups de fusil sur ces tableaux? Nous avons montré qu'il ne faut pas malmener le peuple; montrons maintenant que le peuple sait respecter les monuments et honorer sa victoire! »

Ces paroles prononcées avec énergie sont couvertes d'applaudissements; chacun s'empresse autour de leur auteur, et bientôt circule le nom du brave Théodore Six, ouvrier tapissier.

Vers quatre heures, la salle est entièrement évacuée.

Le Peuple.

LE PEUPLE

Le peuple de Paris a été pendant ces journées ce qu'il s'était montré pendant celles de 1830 ; raconter tous les traits de probité, de courage, de modération que la révolution de février a fait éclore, ce serait une tâche au-dessus de nos forces, et à laquelle des volumes ne suffiraient pas. Nous n'avons pu cependant résister au désir de réunir ici quelques-unes de ces belles pensées, de ces nobles actions qui prouvent que le peuple français est encore et toujours le premier peuple du monde.

Au moment où les citoyens entraient en vainqueurs aux Tuileries, les appartements occupés par le général Jacqueminot, à l'État-Major, furent envahis. Le général était parti si précipitamment qu'il n'avait pas eu le temps d'emporter des sommes, des valeurs, des objets précieux renfermés dans les meubles de son cabinet et de sa chambre à coucher. Le peuple respecta tout, mais un homme de mauvaise mine qu'on a su depuis être un libéré n'imita pas son exemple ; ce misérable s'était emparé d'une somme de près de 80,000 fr. en titres au porteur et en actions industrielles, lorsqu'il fut saisi au collet par de braves citoyens qui, s'ils n'eussent écouté que leur juste indignation, l'eussent fusillé sur-le-champ ; mais ils se contentèrent de le conduire à la préfecture de police, et depuis il a eu à rendre compte à la justice de son infamie.

Nous avons vu que ce n'était pas là l'exemple que le peuple donnait dans les appartements des Tuileries. Si essentiellement probe, il devait être inflexible envers ceux qui compromettaient par le vol la noblesse de sa cause. Nous avons déjà cité quelques exemples de sa justice aussi terrible qu'expéditive ; ils ne sont pas les seuls.

Dans la rue Jeannisson, au coin de la rue Saint-Honoré, un homme armé fut surpris volant une cuillère d'argent : « Tu n'es pas des nôtres, » dirent les braves qui combattaient avec lui... «nous te désavouons. A genoux, tout de suite! Voilà comme nous traitons les voleurs. » Et cinq balles l'étendirent raide mort.

Le 24 et le 25, dans la rue Richelieu, entre le Théâtre-Français et la Fontaine-Molière, à la porte d'une ambulance étaient placés deux cadavres; un écriteau portait en gros caractères le mot : Voleur. C'étaient encore deux victimes de la justice du peuple.

Le 26, à Belleville, une bande de ces malfaiteurs qui, sous le nom de patriotes, cherchaient à déshonorer la plus sainte des causes, furent surpris par une patrouille d'hommes du peuple au moment où ils pillaient une propriété particulière. En un instant, ils furent saisis, jugés, condamnés et exécutés sur le lieu même.

Au ministère des Affaires étrangères, un crime moins grand fut puni d'une manière moins sévère. Le 26, une troupe armée s'était présentée à l'Hôtel Guizot, demandant à visiter les appartements. Après quelques mots d'explication, il fut convenu qu'une promenade dans les appartements aurait lieu, et elle se fit en bon ordre. Il paraît pourtant qu'un des visiteurs avait voulu faire un tour à l'office : à la sortie, le goulot de deux bouteilles sortant de ses poches décela son larcin; ses compagnons lui brisèrent le corps de délit sur les épaules.

Partout se produisaient des actes de désintéressement, et, ce qui est plus étonnant encore, d'une sobriété dont malheureusement en temps ordinaire le peuple de Paris ne donne pas toujours l'exemple.

Un enfant qui gardait une barricade ayant demandé de l'argent à un citoyen pour lui donner passage, des hommes du peuple indignés le forcèrent à rendre ce qu'il avait reçu.

Dans la nuit du 26 au 27, plusieurs hommes armés, mourants de faim, entrèrent chez M. Buisson, tailleur, demandant si on pouvait leur donner du pain. M. Buisson s'empressant de satisfaire à leur demande, s'excuse de n'avoir pas de vin à leur donner : il leur offre du cidre. —Du vin? du cidre? répondent ces braves gens : nous n'en voulons pas... du pain et de l'eau. — Et ils se retirent en remerciant.

Dans la journée du 24, un ouvrier s'adresse à un officier de la garde nationale et lui avoue qu'il se sent mourir de fatigue et de faim. L'officier lui offre une pièce blanche : — Merci, répond le digne enfant du peuple; il ne me faut que deux sous pour avoir du pain, et si vous voulez bien me faire connaître votre adresse, je vous les rendrai dès que j'aurai pu reprendre mon travail.

Dans un atelier du faubourg Saint-Martin, le chef annonçait aux ouvriers la décision prise par le gouvernement provisoire de distribuer au peuple le million échu de la liste civile : — Que la République garde son million, si elle en a besoin, répond un ouvrier au nom de ses camarades, et qu'elle sache que nous avons trois mois de misère à son service.

Nous avons vu le peuple se découvrant devant le christ des Tuileries; voici d'autres exemples de son respect pour la religion et ses ministres. Un vicaire de Saint-Jacques-du-Haut-Pas, chargé par une famille inconsolable de célébrer un service pour son fils, Charles Baudes, jeune élève de Saint-Louis, blessé mortellement en défendant une barricade, se présente au poste de la mairie pour demander que les honneurs militaires soient rendus à l'héroïque enfant mort pour la patrie.

Le poste entier se lève pour saluer le prêtre, et soixante artisans armés s'offrent pour escorter la victime à sa dernière demeure.

En effet, l'heure du convoi étant arrivée, ils se présentent à l'église où des places leur avaient été réservées dans le chœur; pendant toute la cérémonie, ils conservent l'attitude la plus respectueuse, le maintien le plus recueilli. Au sortir de l'église, le vicaire précédé de la croix se met à leur tête pour conduire le corps au cimetière. Une voiture de deuil suivait; les ouvriers forcèrent le prêtre d'y monter : — Mes amis, leur disait-il, vous allez à pied; j'irai comme vous. — Oh! nous, c'est différent, nous sommes accoutumés à la fatigue, mais vous avez besoin de vos jambes pour visiter les malades et les affligés.

Une dame n'osait entrer dans Saint-Sulpice dont la porte était obstruée par plusieurs hommes armés : — Entrez, entrez, ma bonne dame, s'écrient-ils, et priez Dieu pour la France!

Veut-on des preuves de la modération, de la générosité dans la victoire de ce même peuple si ardent au combat, si impitoyable pour le crime, elles ne nous manqueront pas.

Le 24, vers midi, la caserne de la rue des Grès, occupée par les gardes municipaux, fut envahie par le peuple. L'exaspération était à son comble; une voix s'éleva : Brûlons la caserne! Le péril était imminent. Un garde national accourt : — Amis, leur dit-il, n'attentez pas à la propriété. Si vous brûlez la caserne, il vous faudra la rebâtir, et vous aurez donné à vos ennemis sujet de vous reprocher un coupable excès. — Il a raison, dit un des plus déterminés. Eh bien! mort à qui allumera une seule allumette!

Le même jour, le lieutenant-colonel A*** tomba dans les mains du peuple. Des cris menaçants se faisaient entendre, lorsqu'un ouvrier le couvre de son corps : — Mes amis, s'écrie-t-il, j'ai servi sous lui; il a toujours été bon et juste!

L'officier est sauvé.

Le 23, un jeune homme avait été arrêté dans un rassemblement sur le boulevart Bonne-Nouvelle : on l'avait conduit dans le poste établi au coin de la rue Sainte-Barbe, en face le Gymnase. Ses camarades se réunissent en foule devant le poste, le redemandant à grands cris. Les soldats menaçaient de faire feu : « Tirez, si vous voulez, dirent les jeunes gens ; faites votre devoir, nous ferons le nôtre. » En dépit des baïonnettes, ils escaladent la façade du poste, pénètrent par une lucarne, délivrent le prisonnier, désarment les soldats, tirent leurs fusils en l'air et les leur rendent, en criant à tue-tête : Vive la ligne !

Enfin, terminons cette trop courte revue par un de ces mots sublimes qu'envierait l'Évangile lui-même.

Au Carrousel, au moment où les gardes municipaux venaient de cesser le feu, quelques hommes exaltés par le combat voulaient faire main-basse sur ces malheureux instruments du despotisme. — On a tué mon frère au Palais-Royal, criait l'un d'eux ; il faut que je tue quelqu'un ! — Si tu tues quelqu'un, répond un citoyen, ce sera ton frère aussi !

1. Lamartine.—2. Dupont (de l'Eure).—3. Crémieux.— 4. Ledru-Rollin.—5. Albert.—6. Marie.

BIOGRAPHIE

DES

MEMBRES DU GOUVERNEMENT PROVISOIRE

LAMARTINE

Alphonse de Lamartine est né à Mâcon, le 21 octobre 1790, d'une famille noble, et depuis longtemps au service de la royauté. Le nom de cette famille était de Prat; plus tard, il le changea contre celui d'un oncle maternel. Sa mère était petite-fille de M. Desroys, sous-gouvernante des princes d'Orléans. Son père, major de cavalerie, et l'un des défenseurs de Louis XVI au 10 août, avait échappé au massacre pour être jeté dans les cachots, et ce fut sous leurs sombres voûtes que l'enfant reçut, pour ainsi dire, les premiers baisers paternels. Lorsque le calme fut rétabli, les parents du jeune Alphonse se retirèrent avec lui dans la petite terre de Milly. Sa première éducation, puisée au foyer domestique et dans le sein d'une mère chérie, fut continuée par les Pères de la foi, directeurs du collége de Belley. Il en sortit en 1809, et habita Lyon pendant quelque temps.

En 1813, Lamartine, alors inconnu, alla demander ses premières inspirations à l'Allemagne, à la Suisse, à l'Italie. En 1814, il entra comme garde du corps dans la maison militaire de Louis XVIII; mais bientôt il se lassa de cette vie monotone et sédentaire; au bout de trois ans, il donna sa démission pour reprendre le cours de ses voyages.

La perte d'une jeune personne dont il était passionnément amoureux, et dont le nom d'Elvire a été par ses vers voué à l'immortalité, le frappa au cœur et mit pendant longtemps ses jours en danger. C'est au sortir de cette longue et douloureuse maladie qu'en 1820 il publia ses premières *Médita-*

tions poétiques, si profondément empreintes de mélancolie et de douleur, petit volume qui parut modestement sans nom d'auteur, et pour lequel il eut bien de la peine à trouver un éditeur.

Depuis l'apparition des *Martyrs* de Châteaubriand, il n'y avait point eu d'exemple d'un succès si prodigieux ; vingt éditions successives et cinquante mille exemplaires furent enlevés en moins de quatre ans. Cependant, ce concert unanime de louanges ne put retenir en France le jeune poëte ; il partit pour de nouveaux voyages, et ce fut en Suisse qu'il fit la rencontre d'une jeune Anglaise qui devint madame de Lamartine, et lui apporta en dot une fortune considérable.

A cette même époque, il débuta dans la carrière diplomatique ; il fut succcesssivement secrétaire d'ambassade à Naples, à Londres, à Rome, à Turin, à Florence enfin, où il fit un séjour de cinq années. Des vers dans lesquels il avait accusé l'Italie moderne d'avoir dégénéré de l'Italie antique furent la cause d'un duel dans lequel il fut dangereusement blessé par le général Pépé, qui depuis a acquis une si brillante renommée de patriotisme.

Pendant cette période de sa vie, Lamartine publia les secondes *Méditations poétiques*, le petit poëme de *Socrate, le Dernier chant de Child-Harold*, et enfin le *Chant du Sacre*. En 1825, il fit paraître les *Harmonies poétiques et religieuses*, dont le succès fut égal à celui des *Méditations*.

En 1830, M. de Polignac le rappela à Paris, et lui offrit le poste de secrétaire des affaires étrangères ; sur son refus, il le nomma ministre plénipotentiaire en Grèce ; il venait de partir quand la révolution de Juillet éclata ; il revint à Paris. Dans la même année, il prit place à l'Académie française.

Candidat aux élections de Dunkerque et de Toulon, il ne réussit pas ; cet échec le décida peut-être à accomplir un voyage qui était au reste le rêve de toute sa vie ; en 1831, il partit pour l'Orient, où il devait puiser de si brillantes inspirations, mais où devait le frapper un cruel malheur, la mort de Julia, sa fille chérie.

C'est dans la relation de ce voyage d'Orient que Lamartine manifesta ses premières tendances politiques, et qu'on vit pour la première fois apparaître en lui le germe de l'homme d'État. A la fin de 1832, il quitta l'Asie pour venir prendre place à la chambre des députés où l'appelaient enfin les électeurs de Dunkerque ; mais depuis cette époque, il a constamment opté pour le collége de Mâcon, sa patrie, qui n'a cessé de lui donner à chaque élection la presque unanimité des suffrages.

Lamartine avait été légitimiste avant 1830, mais la révolution avait modifié ses opinions ; toutefois, sa position fut longtemps indécise à la chambre ; il paraissait pencher vers le parti du juste-milieu, mais bientôt il s'aperçut que là n'était pas le germe de ces réformes que son âme avait rêvées ; il

rompit brusquement avec la dynastie de juillet, et combattit pendant plus
de douze ans dans les rangs de l'opposition.

Ce fut en 1834 qu'il parut pour la première fois à la tribune, pour parler
contre la loi d'association, et à l'occasion du procès d'avril. Son style, d'abord
trop plein d'images poétiques, de périodes littéraires, devint bientôt plus sévère, plus grave, plus positif; et son éloquence atteignit toute sa hauteur
lorsqu'en 1835, il s'éleva avec tant d'énergie contre les lois de septembre,
qu'il lui était réservé d'abroger.

Les travaux politiques n'empêchèrent cependant pas le poëte de se livrer
encore à ses études favorites; il publia deux nouveaux poëmes : *Jocelyn* et *la
Chute d'un Ange;* enfin, par son dernier ouvrage, *les Girondins,* paru en
1847, il montra quels étaient le patriotisme de ses sentiments et la portée
de ses appréciations politiques; il sembla préluder au rôle qu'il allait bientôt
être appelé à jouer, et qui présentait avec celui de ses héros une si frappante
analogie.

Lamartine a été chargé du portefeuille des affaires étrangères.

DUPONT (DE L'EURE)

CHARLES-JACQUES DUPONT (de l'Eure), président du gouvernement provisoire, et l'une des gloires les plus pures de la France, naquit le 27 février 1767,
à Neubourg, dans le département de l'Eure. Peu d'hommes ont parcouru
aussi dignement une aussi vaste carrière. Dès sa jeunesse, ses études se tour-
nèrent vers le barreau. Ce fut en 1789, cette année si célèbre dans les fastes
révolutionnaires, que reçu avocat au parlement de Normandie, il commença
cette vie publique qui devait être si bien remplie.

Imbu comme toute la jeunesse d'alors des idées de Jean-Jacques Rousseau,
il se consacra de corps et d'âme à la cause de la liberté, et embrassa avec
ardeur les principes de la révolution. Étranger cependant à tout esprit de
faction, il fut nommé maire de Neubourg, en 1792, le jour même où il atteignit sa vingt-cinquième année, qui alors constituait la majorité des citoyens.
Dès ce moment, l'inébranlable intégrité dont nul ne l'a vu se départir, lui
valut le surnom d'Aristide français que la postérité confirmera.

Associé à la gloire, et non aux crimes de la révolution, il traversa sans
tache l'époque de la terreur; il fut successivement administrateur du district

de Louviers, puis juge au tribunal de cette ville: substitut du commissaire du directoire exécutif près le tribunal civil de l'Eure en l'an v, il ne tarda pas à devenir accusateur public près le tribunal criminel de ce département, fonctions difficiles, épineuses, qu'il sut exercer avec autant de courage que de prudence et de générosité.

Dans toutes ces diverses positions, il sut concilier les devoirs du magistrat et ceux du citoyen. Quand la France, fatiguée des excès de la démagogie, se rangea sous le sceptre de Napoléon, Dupont, fasciné par tant de gloire, fit voir cependant qu'un homme peut rester pur et faire acte d'indépendance sous le gouvernement le plus absolu. Convaincu de l'innocence d'accusés dont Fouché voulait la condamnation, il osa les absoudre. Napoléon, bon juge du mérite des hommes et admirateur des caractères vraiment nobles, le fit passer à la présidence de la cour impériale de Rouen. Son esprit d'indépendance le fit repousser longtemps par le sénat, bien qu'il fût toujours présenté par les électeurs en tête des candidats au corps législatif; il fut enfin nommé en 1813, et siégea jusqu'en 1814 à côté de Benjamin Constant et de Labbey-Pompières.

En juin 1814, il fut nommé presque à l'unanimité premier vice-président du corps législatif, convoqué par les Bourbons, et cela bien qu'il fît une opposition vive mais loyale au système de Louis XVIII.

Quand, en 1815, les Bourbons revinrent une seconde fois à la suite de cent mille baïonnettes étrangères, Dupont s'écria dans la noble indignation de son âme : « Nous ne le reconnaissons pas, ce gouvernement qui ne garantit pas des institutions librement consenties, l'égalité dans les lois, la liberté individuelle, la liberté de la presse, et tous les grands résultats de la révolution. » Il fit décréter qu'une protestation nationale serait portée aux monarques ennemis par une députation du corps législatif; il fut lui-même placé à la tête de cette courageuse députation, mais elle ne put parvenir à accomplir sa mission. Quand, le 8 juillet 1815, le corps législatif fut brutalement dissous par la force armée, Dupont se joignit à un grand nombre de représentants pour protester contre cet acte de violence au nom du droit et de la liberté.

Vainement la Restauration s'efforça-t-elle d'éloigner de la chambre un des plus fermes soutiens de l'opposition, un homme dont elle redoutait l'éloquence, l'énergie, et surtout l'inébranlable intégrité; les colléges électoraux de Rouen et de Louviers l'envoyèrent de nouveau à la chambre, au moment même où M. de Vaublanc l'excluait du conseil de son département.

Nommé à Évreux en 1817, il vient s'asseoir à l'extrême gauche, que depuis il n'a pas quittée. Cette même année, un nouvel acte de civisme et de courage le fit destituer par M. Pasquier, après vingt-sept années de magistrature, et sans qu'il lui fût accordé de retraite. Chacun connait ces couplets si fins, si spirituels de notre poëte national :

> Dupont, que vient-on de m'apprendre?
> Mon cher Dupont, je ne vous connais plus...

dans lesquels ceux qu'on nommait alors les *ventrus* étaient fustigés avec tant de malice par la seule comparaison que l'on faisait d'eux avec cet intègre Dupont *qui avait la sottise de ne savoir pas garder sa place.*

Dupont se signala dans toutes les luttes pour la liberté, et fut l'un des sept à la fameuse chambre des trois cents de M. de Villèle; mais son opposition toujours juste et éclairée fut aussi toujours impartiale. Les projets de loi sur le recrutement de l'armée et les délits de la presse, conformes au vœu national, trouvèrent en lui un défenseur.

Après l'assassinat du duc de Berry, le ministre voulait rendre la nation solidaire du crime d'un seul, et demandait, comme aux jours de la terreur, une loi contre les suspects : « Député, s'écrie Dupont, je vote contre un projet qui viole la charte dans sa plus précieuse garantie; Français, je ne veux ni prendre part à une odieuse accusation contre la France, ni m'associer à une législation d'espionnage et de délation; ami de l'humanité, je ne me prêterai pas à la mesure la plus barbare, puisque au lieu de frapper de simples opinions qui ne flétrissent pas, elle doit appliquer à ses victimes l'ineffaçable inculpation d'un assassinat. »

Dupont fut l'ami de Manuel et fut, en 1823, un des signataires de la protestation contre l'acte violent et illégal dont ce grand citoyen avait été victime au sein même de la représentation nationale. Enfin, il suivit la même ligne de conduite jusqu'en 1824, époque où la dissolution de la chambre le rendit un moment à la vie privée.

Depuis cette époque, Dupont a paru plus rarement à la tribune; cependant, en 1827, il prononça contre la loi Peyronnet sur la presse un discours qui produisit une profonde sensation.

Quand arriva la révolution de 1830, Dupont n'était pas à Paris; il se hâta d'accourir. Lorsque Louis-Philippe eut été proclamé roi des Français, Dupont consentit *à en essayer;* ce fut son expression; il accepta le ministère de la justice, et tout le monde sait que le nouveau ministre alla s'installer à l'hôtel de la Chancellerie, suivi d'un commissionnaire portant sa malle, et que, bien plus, il en sortit de même. Il refusa, en outre, les 25,000 fr. alloués à ses prédécesseurs pour frais d'installation.

Bientôt il reconnut que l'opinion publique s'était trompée sur celui qu'on avait placé à la tête du royaume: il donna sa démission avec Lafayette, le

25 décembre de la même année, et quitta le ministère pour rentrer dans les rangs de l'opposition et combattre un pouvoir rétrograde dont il n'avait pas voulu être le complice. En 1831, il fut nommé vice-président de la chambre. Un instant, en 1834, frappé au cœur par la mort de son ami, de son fils, Dulong, tombé dans un funeste combat, Dupont voulut quitter la scène politique; mais les électeurs ne lui permirent pas de renoncer à une carrière dans laquelle son talent et ses vertus pouvaient encore rendre tant de services à la patrie. Dupont sacrifia à son pays même sa douleur, et la révolution de 1848 le retrouva sur les bancs de la chambre des députés. Nous avons vu le rôle qu'il joua dans la fameuse séance du 24 février.

Enfin, pour résumer en quelques mots la carrière de ce grand citoyen, rappelons-nous ces paroles qu'après son discours au pied de la colonne de Juillet, prononça son collègue Arago : « Citoyens, ce sont quatre-vingts ans d'une vie sans tache qui vous parlent ici. »

CRÉMIEUX

Isaac-Adolphe Crémieux naquit à Nimes, le 30 avril 1796. Le premier de ses prénoms indique assez qu'il professe la religion juive. Dès son enfance, il s'était fait remarquer par les plus rares dispositions et les succès les plus éclatants, tant au lycée impérial qu'au concours général, et à cette époque même, sa facilité d'élocution lui avait fait décerner par ses camarades le surnom de *l'Avocat*. Après de sérieuses études de droit, et de brillants examens passés à Aix, il fut reçu, en 1817, avocat à la cour royale de Nimes. Pendant ce temps déplorable, qu'on nomma *la terreur blanche*, sa famille fut persécutée à cause de ses opinions républicaines. Ces réactions imprimèrent fortement dans l'âme du jeune avocat la haine de la tyrannie. Depuis lors, son talent fut souvent consacré aux causes politiques; c'est ainsi qu'il fit acquitter un ancien officier de l'armée impériale, accusé d'avoir crié : Vive l'empereur! c'est ainsi qu'à un moment où l'assassin de 1815, l'infâme Trestaillons était encore la terreur de Nimes, il osa, à plusieurs reprises, dénoncer son nom à la vindicte publique. Un de ses plus beaux triomphes, un de ses plus beaux actes de courage civique fut la défense de trois citoyens accusés d'avoir chanté *la Marseillaise* : « *La Marseillaise,*

s'écria-t-il, vous l'accusez! mais vous ne l'avez donc pas lue? mais vous n'avez
donc pas du sang français dans les veines? Non, non, ceux qui la blâment
ne l'ont pas lue, ils ne la savent pas, ils ne la comprennent pas, ils cèdent à
des souvenirs de terreur; sans doute plus d'un martyr l'a glorifiée en mar-
chant au bourreau; mais encore une fois *la Marseillaise* fut le cri : Mort à
l'ennemi! Le salut à la patrie! Honneur donc à *la Marseillaise*! » Et Crémieux osa lire l'hymne patriotique. Au quatrième couplet, accusateurs,
jurés, tous s'étaient levés dans un mouvement d'enthousiasme sublime; la
cause était gagnée.

En 1830, il salua le premier à Nimes une révolution qu'il crut être l'aurore de la liberté; le premier il arbora le drapeau tricolore. Dupont (de
l'Eure), alors ministre de la justice, lui envoya la croix d'honneur, et, le
30 août, le nomma avocat à la cour de cassation en remplacement d'Odilon
Barrot. Telle était la confiance qu'inspirait son caractère, que, malgré ses
opinions bien connues, l'un des ministres de Charles X, Guernon Ranville,
l'avait choisi pour son défenseur. Ses forces, pour la première fois, le tra-
hirent à l'audience; il s'évanouit, et ne put plaider. Crémieux ne fit donc
son véritable début au barreau de Paris que dans le procès du *Constitutionnel*. Depuis lors, dans presque tous les procès de presse, nous trouvons son
nom parmi les défenseurs; le jour même de la révolution de février il était
encore attendu à Saint-Omer pour plaider la cause du *Progrès du Pas-de-
Calais*.

Crémieux sauva la tête de Cuny, condamné à mort dans le procès de juin,
en adressant au roi une éloquente supplique : « Sire, disait-il, sous votre
règne une tête de patriote ne doit pas rouler sous la hache. Roi des barricades de juillet, pardonnez aux barricades de juin. Roi du peuple, ne souf-
frez pas qu'un enfant du peuple meure par la main du bourreau pour un
crime politique... »

Trois articles qu'il publia dans *le Constitutionnel* signalèrent aux amis de
la liberté le danger que lui faisaient courir les forts détachés. Chargé de ré-
diger une protestation en faveur de la Pologne, il y déploya un si éloquent
patriotisme, que le général Lamarque vivement ému le pressa dans ses bras.
Crémieux ne montra pas moins d'énergie dans la défense de ses coreligion-
naires de Damas odieusement persécutés.

En 1842, il fut élu député par le collége de Chinon (Indre-et-Loire), et sa
place fut bientôt marquée parmi les plus éloquents orateurs de la chambre,
et les ennemis les plus redoutables du cabinet du 29 octobre. Enfin, il fut
un des plus ardents promoteurs des banquets réformistes qui amenèrent la
révolution de février et l'établissement de la république.

M. Crémieux est devenu ministre de la justice.

LEDRU-ROLLIN

Ledru-Rollin est né au Mans (Sarthe), en 1808. Jeune, il embrassa la carrière du barreau, dans laquelle il ne tarda pas à se distinguer. Ses opinions démocratiques ne laissèrent dès lors échapper aucune occasion de se produire. En 1833, il avait rédigé une sorte de protestation contre la mise en état de siége de Paris; en 1834, il publia un mémoire dans lequel il flétrit les massacres de la rue Transnonain, et ne craignit pas de défendre les insurgés.

Depuis lors jusqu'en 1841, les accusés politiques furent toujours certains de trouver en lui un défenseur. Nous le voyons figurer dans tous les grands procès, et entre autres dans celui de Dupoty devant la chambre des pairs.

Ses travaux de palais ne l'empêchaient pas de manier la plume avec un égal succès. En 1837, nous l'avons connu rédacteur en chef du *Droit;* en même temps, il dirigeait l'immense recueil du *Journal du Palais*, et, depuis, il a publié le *Répertoire général*, contenant l'histoire du droit, la législation et la doctrine des auteurs, précédées de l'influence de l'école française sur le droit au xixe siècle.

Il avait été nommé depuis peu de temps avocat à la cour de cassation, quand, en 1841, l'opposition vint à perdre Garnier-Pagès. Les électeurs du Mans choisirent pour le remplacer Ledru-Rollin, qui aussitôt résigna son office pour se livrer tout entier à la carrière politique dans laquelle il entrait. Sa place fut marquée à l'extrême gauche. Dès lors, on le vit monter à la tribune toutes les fois que la démocratie ou l'humanité eurent lutte à soutenir contre le pouvoir. Personne n'a oublié ses deux discours sur l'abolition de l'esclavage, et l'énergie qu'il déploya en février dans la discussion de l'adresse.

Toujours dévoué à la propagation de ses principes, il coopéra de tout son pouvoir, et avec un louable désintéressement, à la rédaction d'un journal, soutien de ses convictions, *la Réforme*. Il fut, avec Crémieux, un des plus ardents promoteurs des banquets réformistes, et plusieurs fois sa parole passionnée, énergique, trop énergique peut-être, ses idées novatrices et parfois quelque peu paradoxales, excitèrent l'enthousiasme. Les discours qu'il prononça aux banquets de Lille et de Dijon furent pour lui l'occasion de véritables triomphes.

Nous avons vu le rôle important qu'il joua dans la séance du 24 février. Il a pris le portefeuille de l'intérieur.

ALBERT

Albert, qui sur la liste des membres du gouvernement provisoire est désigné sous le titre d'ouvrier, a en effet été mécanicien modeleur, mais depuis longtemps il a su, à force d'intelligence et d'économie, se procurer une honorable aisance.

Albert entra de bonne heure dans la carrière politique; il fonda à Lyon, sa patrie, un journal ultra-radical, *la Glaneuse*.

En 1833, il fut condamné à 5,000 fr. d'amende et quinze mois de prison pour avoir réuni dans un banquet patriotique les principaux membres de son parti.

Plus tard il devint, dans la même ville, chef de la Société des *Droits de l'Homme*, qui avait adopté pour devise : *Vivre en travaillant ou mourir en combattant*.

Fidèle à cette devise, il paya de sa personne dans les terribles journées qui ensanglantèrent la seconde ville de France. Il figura parmi les accusés d'avril.

Au moment de la révolution, il était membre du conseil des prud'hommes, et l'un des rédacteurs du journal *l'Atelier*.

MARIE

Alexandre-Thomas Marie est né à Auxerre (Yonne), le 15 février 1795. Placé au collége de sa ville natale, il y débuta par des succès, présages de son élévation future. Il suivit à Paris les cours de l'École de droit, se destinant au professorat; il fut reçu licencié en 1817, et peu d'années après, il concourut pour une chaire de suppléant. Malgré son mérite et la solidité de ses études, il n'obtint que le second rang; mais le titre de docteur lui fut décerné en récompense de son brillant concours. Il se tourna alors vers le barreau, où bientôt il marqua sa place au premier rang ; il y conquit l'estime de tous ses confrères, qui le choisirent pour leur bâtonnier.

Il se créa une sorte de spécialité la plus brillante sans doute, mais non la plus lucrative ; il plaida dans toutes les affaires politiques et dans tous les procès de presse avec une supériorité incontestable. Il déploya tout son talent surtout dans la conspiration dite du *Pont-des-Arts*, dans l'affaire de juin 1832, où il défendit d'une manière si chaleureuse l'accusé Jeanne, cette âme si énergique dans une si frêle organisation. Il plaida deux fois pour Pépin : en 1832, aux événements de juin, et en 1835, dans la conspiration Fieschi.

En 1842, il fut élu député par le cinquième arrondissement de Paris. Malgré sa facilité d'élocution, il parla rarement à la chambre, mais toujours sa parole sage, ferme et modérée, y fut écoutée avec la confiance que commandaient la loyauté de son caractère et l'élévation de son talent. En février, dans la discussion de l'adresse, il s'efforça en vain de rappeler à la pudeur une majorité vendue ou aveugle. Il déploya toute son éloquence au banquet réformiste d'Orléans ; enfin, nous avons vu que dans la séance du 24 février il fut le premier à protester contre la régence, et ce fut peut-être à lui que la France fut redevable de l'adoption de la forme de gouvernement qui la régit aujourd'hui.

Marie a été chargé du ministère des travaux publics.

LOUIS BLANC

Louis Blanc est né à Rhodez (Aveyron), en 1813. Élevé au collége de cette ville, il s'y distingua par son aptitude, et se fit aimer également de ses professeurs et de ses camarades.

Lorsqu'il vint à Paris, sans fortune, il dut se faire une position à force de travail. Il publia quelques articles qui furent remarqués, et qui lui assignèrent une place dans la presse radicale.

Après avoir écrit quelque temps dans *le National*, dirigé alors par Armand Carrel, il devint, à vingt-quatre ans, rédacteur en chef du *Bon-Sens*. Lorsqu'il quitta ce journal, il fonda *la Revue du Progrès*, dans laquelle il publia une série d'articles sur l'organisation du travail. Ce fut alors que pour

7. Louis Blanc. — 8. Garnier-Pagès. — 9. Arago. — 10. Marrast. — 11. Flocon

la première fois il se posa en réformateur de l'ordre social. Ces articles, que
plus tard il réunit en un volume, attestent sans doute un cœur droit et de
bonnes intentions; mais nous craignons que ces théories ne soient guère réalisables que dans le pays des chimères.

L'*Histoire de Dix Ans* (1830 à 1840) établit la réputation de Louis Blanc
comme historien. Cette œuvre eut un succès immense, dans lequel, il est
vrai, l'esprit de parti entra bien pour quelque chose.

Louis Blanc a commencé la publication d'une histoire de la révolution
française.

GARNIER-PAGÈS

Le nom de Garnier-Pagès est depuis longtemps l'un des plus chers aux
amis de la liberté, et celui que la révolution de février a fait membre du gouvernement provisoire recueillit dans ce nom un héritage aussi honorable
que difficile à conserver.

Garnier-Pagès aîné, né à Marseille, en 1801, avocat distingué au barreau,
fut à la chambre un des chefs du parti radical; il était directeur de la fameuse société secrète qui avait pris pour devise : *Aide-toi, le ciel t'aidera*.
Ce fut lui qui en 1832 retoucha le fameux compte-rendu rédigé par Odilon-
Barrot et Cormenin, et le courage qu'il déploya en cette circonstance lui
valut les honneurs de la persécution. Le gouvernement profita de la mise en
état de siége pour lancer contre lui un mandat d'amener et l'envoyer devant
un tribunal exceptionnel; mais Garnier-Pagès protesta avec tant d'énergie
qu'il obtint de ne pas être distrait de ses juges naturels, qui à leur tour déclarèrent qu'il n'y avait pas lieu à suivre.

Garnier-Pagès le jeune, né également à Marseille, mais en 1803, était
attaché à son frère par les liens de la plus tendre affection; il lui avait dit:
Fais le nom de la famille, je ferai la fortune. Pendant que l'aîné embrassait
la carrière du barreau, le jeune se faisait courtier de savons; l'un et l'autre
réussirent également.

Les spéculations commerciales n'empêchèrent cependant pas le développement des facultés intellectuelles du plus jeune; à l'école de son frère, il
acquit promptement les connaissances de l'homme d'État, et lorsqu'une mort
impitoyable vint le frapper au plus brillant de sa carrière, il fut jugé digne

de le remplacer. Fort des études spéciales auxquelles il s'était livré dans le silence, il se présenta en 1841 devant les électeurs de Verneuil (Eure), qui l'investirent de leur mandat.

Sur les bancs de la chambre il suivit exactement le programme tracé par son frère, et son éloquence, non moins solide que brillante, put souvent consoler l'opposition de la perte qu'elle avait faite. Les questions de finance, et spécialement celle des sucres, la conversion des rentes et la discussion des chemins de fer furent pour lui autant d'occasions de signaler la profondeur de ses vues, la justesse de sa logique.

Garnier-Pagès fut le héros du banquet réformiste de Montpellier; il y formula un de ces axiomes qui devraient être le guide invariable de tous les gouvernements : RIEN POUR SOI, TOUT POUR LA PATRIE !

Puisse-t-il être adopté par tous ceux auxquels sera confié le sort de notre République !

D'abord maire de Paris, Garnier-Pagès est bientôt passé au ministère des finances.

ARAGO

Dominique-François Arago, ce savant que le monde civilisé nous envie, naquit le 26 février 1786, dans la petite ville d'Estagel (Pyrénées-Orientales); il était l'aîné de nombreux enfants, et son père, payeur à l'hôtel des monnaies de Perpignan, lui fit donner une éducation solide pour le mettre à même de devenir un jour l'appui de sa famille.

A dix-huit ans, après avoir terminé au collége de Montpellier des études brillantes commencées au collége de Perpignan, Arago entrait à l'École polytechnique, le premier de sa promotion.

A sa sortie de l'École, il choisit d'abord l'artillerie; mais bientôt il y renonça et fut nommé secrétaire du bureau des longitudes à l'Observatoire. En 1806, l'empereur l'adjoignit à l'expédition scientifique envoyée en Espagne sous la direction de M. Biot, pour achever de mesurer l'arc du méridien terrestre de Barcelone aux îles Baléares, travail destiné à servir de base au système métrique. En 1807, M. Biot étant parti pour Paris, Arago, resté seul à Majorque, établit son poste d'observation sur le sommet de la montagne de Galoza. La guerre ayant éclaté entre la France et l'Espagne, les Majorquois crurent que les signaux de l'astronome transmettaient des avis

à l'ennemi et que les feux qu'il allumait avaient pour but d'éclairer la marche
des vaisseaux français; ils se soulevèrent en masse et coururent au Galoza
en poussant des cris de mort. Arago, déguisé en paysan, traversa ses ennemis, emportant les papiers qui contenaient les résultats de ses observations,
et parvint à se réfugier à Palma, à bord du vaisseau espagnol qui l'y avait
amené. Le capitaine, n'osant le défendre ouvertement, le fit enfermer dans
la citadelle de Belver, où il passa plusieurs mois occupé à coordonner ses
travaux. Le bruit se répandit jusque dans sa prison qu'il avait subi le dernier supplice sur la grande place de Palma; on comprend que cette nouvelle
l'affligea médiocrement pour le présent, mais elle lui donna des inquiétudes
pour l'avenir, et il songea à quitter une demeure qui, après avoir été son
refuge, menaçait de devenir son tombeau. Un des commissaires qui avaient
été adjoints par l'Espagne à ses recherches, M. Rodrigues, le seconda dans
ses projets d'évasion, sur lesquels le capitaine général consentit à fermer les
yeux. Sur une barque montée par trois matelots seulement, il parvint à ga-
gner Alger avec son bagage d'astronome. Muni de passe-ports que lui pro-
cura l'agent autrichien, il s'embarqua sur une frégate algérienne pour re-
tourner à Marseille; la frégate fut prise par les Espagnols, et conduite à
Rosas; Arago fut jeté sur les pontons de Palamos. Le dey d'Alger obtint la
restitution de la prise qui reprit le chemin de la France, mais qui fut jetée
par la tempête sur les côtes de la Sardaigne, puissance ennemie de la régence, et arriva enfin à Bougie dans le plus triste état.

Pendant l'absence du navire, un différend était survenu entre la France
et l'Algérie, un nouveau dey était monté sur le trône, et loin de montrer à
Arago la même bienveillance que son prédécesseur, celui-ci le fit inscrire sur
la liste de ses esclaves, et l'envoya en course sur ses corsaires en qualité
d'interprète. Enfin, grâce aux instances du consul de France, Arago recou-
vra sa liberté et put rentrer, en 1809, dans sa patrie, où il publia le résultat
de ses observations dans une notice insérée au *Mercure*.

Le courage qu'il avait déployé, les dangers qu'il avait courus, méritaient
une récompense éclatante; l'Académie des sciences, en dépit même de son
règlement, le reçut dans son sein, à l'âge de vingt-trois ans, à la place du
célèbre Lalande, et Napoléon le nomma professeur à l'École polytechnique,
où il enseigna l'analyse, la géodésie et l'arithmétique sociale.

Après la révolution de 1830, il devint directeur de l'Observatoire et du
bureau des longitudes, et secrétaire perpétuel de l'Académie des sciences.

Arago a obtenu dans la carrière des sciences le nom le plus célèbre de
l'Europe; il n'est pas un savant au monde qui ne s'honore de l'avoir pour
correspondant ou pour guide, et nul homme n'a plus que lui popularisé les
sciences exactes et astronomiques. Il a fait faire à l'optique des pas im-

menses; ses recherches sur les lois de l'aimantation de l'acier par l'électricité ont amené d'admirables résultats; il a doté la France de plusieurs appareils destinés à mesurer les planètes; ses travaux sur les fluides impondérables, dont l'idée première remonte à Roger Bacon, et d'où résulte une théorie qui présente le calorique, l'électricité, le magnétisme, la lumière, comme des phénomènes produits par les vibrations diversement modifiées d'un fluide unique, l'éther, renversent le système d'émission de Newton; il contribua puissamment à l'adoption des télégraphes électriques; enfin on lui doit encore, en collaboration avec Gay-Lussac, le recueil des *Annales de physique et de chimie*, et il publie chaque année *l'Annuaire du Bureau des Longitudes*, dans lequel sont consignés tous les faits importants relatifs à la chimie et à l'astronomie. C'est dans ce dernier recueil qu'il inséra sa belle théorie de la foudre, qui a prouvé qu'il savait mettre les plus graves problèmes de la science à la portée de tous.

L'éloquence qu'il déployait dans ses cours donnait depuis longtemps la mesure de ce qu'il pouvait être à la tribune; cependant sa carrière politique ne commença qu'en 1831. Il fut élu député par le collége de Perpignan, et prit place dans les rangs de l'extrême opposition. Il a prononcé depuis de nombreux discours aussi remarquables par le fond que par leur indépendance parfois un peu brutale; il fut l'un des signataires du fameux compte-rendu de 1832, et un des adversaires les plus redoutables des forts détachés. Personne n'a oublié la précision mathématique avec laquelle il prouva à M. Allard que les forts détachés pouvaient incendier Paris.

Ce fut Arago qui, le 28 février, proclama la République au pied de la colonne de Juillet : « Le gouvernement provisoire, s'écria-t-il, a cru de son devoir de proclamer la République devant l'héroïque population de Paris, dont l'acclamation spontanée avait déjà consacré cette forme de gouvernement. La sanction de la France entière y manque sans doute encore; mais elle ratifiera le vœu du peuple parisien qui a donné un nouvel et magnifique exemple de son courage, de sa puissance, de sa modération... Citoyens, répétez avec moi ce cri populaire : Vive la République ! »

Un cri immense, unanime, s'élança de toutes les poitrines... la révolution était consommée.

M. Arago a été chargé du ministère de la marine.

MARRAST

Armand Marrast, né sous le soleil inspirateur du Midi, vint à Paris, il y a
vingt-cinq ans environ. Élève distingué de l'École normale, mais sans fortune, il fut obligé d'entrer comme maitre d'études dans une des grandes institutions de Paris, et celui qui écrit ces lignes a reçu de lui plus d'un *pensum*.
Il ne se doutait pas sans doute alors qu'il aurait un jour à diriger ces grands
enfants qu'on appelle des hommes. Quoi qu'il en soit, à cette époque il était
déjà l'un des rédacteurs du *Constitutionnel;* il ne pouvait rester inconnu, et
bientôt sa place fut marquée au premier rang parmi les publicistes de l'opposition.

Il faut relire aujourd'hui ces articles éloquents qu'il publia si longtemps
dans *la Tribune*, et qui attirèrent sur ce fameux journal toutes les foudres
du parquet.

La Tribune ayant publié deux articles contre la prostitution de la chambre
des députés, la chambre cita à sa barre son gérant, Armand Marrast et Go-
defroy Cavaignac. Personne n'a oublié avec quelle énergie Marrast flétrit ces
hommes qui ne craignaient pas de se constituer juges dans leur propre cause.
Le résultat d'une semblable défense ne pouvait être douteux; le gérant de
la Tribune fut condamné à trois ans de prison et 10,000 francs d'amende.

En 1835, Marrast prit la défense des accusés d'avril que le bon plaisir de
M. Pasquier voulait priver du droit de choisir leurs défenseurs; ses démar-
ches courageuses le firent jeter en prison, et ce fut sous les verrous qu'il
écrivit : *Vingt Jours de Secret, ou le Complot d'avril*.

Lorsqu'une rencontre fatale vint enlever à la France le plus célèbre de ses
publicistes, Armand Carrel, Marrast fut choisi pour le remplacer dans la rédaction en chef du *National*, et le plus bel éloge qu'on puisse faire de son
talent est que s'il ne fit pas oublier son illustre prédécesseur, il se montra
au moins toujours digne de lui avoir succédé.

On sait que c'est des bureaux du *National* qu'est partie la révolution de
février, comme celle de juillet avait pris naissance dans les bureaux du
Temps.

Armand Marrast est devenu maire de Paris lorsque Garnier-Pagès est
passé aux finances.

FLOCON

Ferdinand Flocon, né dans les premières années de ce siècle, est fils du directeur des lignes télégraphiques.

En 1820, il fut attaché d'abord comme sténographe, puis comme rédacteur, au *Courrier français*. En 1830, il prit une part active à la révolution.

Reçu avocat à la cour royale de Paris, il se lia d'amitié et de confraternité d'opinion avec Armand Carrel, Marrast, Ledru-Rollin, en un mot avec tous les chefs du parti radical. Il devint un des principaux rédacteurs de *la Tribune*. Ce fut dans ce journal qu'après le duel d'Armand Carrel et de Roux-Laborde au sujet de la duchesse de Berry, il écrivit et signa une proclamation adressée au parti légitimiste, proclamation très-courageuse sans doute, mais dans laquelle il oublia trop qu'un ami de la liberté doit vouloir cette liberté égale pour tous et pour toutes les opinions.

La révolution de février l'a trouvé rédacteur en chef de *la Réforme*.

Un Club.

CLUBS

De toutes les institutions renouvelées des Athéniens, des Grecs et des Anglais, que la révolution de février a enfantées avec une surabondance vraiment luxueuse, il n'en est pas de plus catégorique que la création des clubs.

Le club de 1848, c'est la personnification de l'effervescente humeur des masses après le renversement de l'ex-royauté.

Dès que l'on eut conquis le droit absolu de réunion et d'association, fruit de la victoire du peuple, tous les monuments publics de Paris, écoles, colléges, halles, théâtres, salles de concerts, jusqu'aux Conservatoires de Musique et des Arts et Métiers, furent transformés en clubs.

Et alors, chacun pouvant exprimer hautement son opinion et manifester librement sa pensée et son sentiment, il fallait voir les singuliers projets, les incroyables utopies, les appréciations inouïes du présent et de l'avenir qui surgissaient du cerveau exalté des clubistes.

Pour la politique générale il y eut des clubs socialistes, progressistes, légitimistes, régencistes, bonapartistes, tandis qu'en vue des intérêts purement professionnels, on établit des clubs d'auteurs, d'acteurs, de professeurs, de musiciens, de tailleurs, etc., et tout Paris put admirer de magnifiques affiches tricolores, sur lesquelles on lisait : Club du salut de la bonneterie, ou bien Club de l'épicerie, ou encore : Club des bons maris.

Or, pour quiconque sait apprécier l'esprit français, il était aisé de comprendre que puisque les hommes éprouvaient un si grand besoin de pérorer et de réclamer toutes sortes de droits, les dames ne pouvaient pas rester en arrière de harangues et de réclamations. On fonda en conséquence le Club des femmes, qui eut pour présidente madame Eugénie Niboyet. Ce club avait pour but de *masculiniser* le beau sexe ; il retentissait chaque soir de discours mordants, furieux ou pathétiques, mais qui tous s'accordaient sur ce point essentiel : *La femme veut et doit être libre et souveraine.* Pour première conquête il lui faut le droit au divorce !

A l'exception du *Club des femmes*, qui menaçait quelque peu l'harmonie des ménages, les clubs dont nous avons indiqué les titres, n'avaient pas un caractère bien dangereux ; ils prouvaient seulement qu'à un profond attachement pour la patrie, de dignes négociants joignaient l'amour sacré de l'épicerie et de la bonneterie.

Mais beaucoup d'autres clubs se distinguaient par autre chose que l'excentricité : plusieurs rappelaient par la sévérité de leurs statuts, les anciennes sociétés secrètes de l'Allemagne et de l'Italie. Voici, par exemple, un extrait du règlement du CLUB DES DROITS DE L'HOMME :

Ne doit être enrôlé dans la *Société des Droits de l'Homme*, que tout citoyen qui présente les garanties suivantes :

« 1° Il faut qu'il ait fait abnégation de son individualité d'une manière absolue pour le service de la Société. La Société, en retour, s'engage vis-à-vis de lui à se mettre tout entière sur pied, s'il en est temps pour le défendre, s'il ne l'est plus pour le venger. C'est ainsi qu'elle comprend le principe de la solidarité ;

« 2° L'organisation de la Société étant toute militaire, il sera à sa disposition toutes les fois que le comité central aura décidé une permanence, soit sans armes, soit armée. Il ne pourra arguer pour sa défense, s'il manquait à l'appel, ni de ses liens de famille, ni de ses affaires personnelles. Dans le cas seulement où il y aurait conflit entre l'accomplissement de ses devoirs de citoyen et de sociétaire, il serait tenu de produire, pour sa défense, une décharge du commissaire d'arrondissement ;

« 3° Il adhérera au règlement de la Société et à la déclaration des Droits de l'Homme et du Citoyen, sans restriction aucune.

« 4° Il devra assister aux réunions soit du club central, soit des clubs affiliés *qui lui seront* indiqués par son chef de section, afin de parfaire son éducation politique si elle ne l'est pas, ou de répandre les principes de la déclaration des Droits, s'il les possède à fond ;

« 5° Lorsqu'un candidat aura été reconnu par un sectionnaire, apte à entrer dans la Société, il devra le présenter au chef-lieu de section le plus près du domicile du candidat. Le chef de section fera l'examen du candidat, et le présentera à la plus prochaine réunion de section. Son inscription, comme candidat, fera mention : 1° de son nom de famille et de ses prénoms ; 2° de sa profession ; 3° de sa demeure ; 4° de son état d'armement. »

On voit par là que l'homme qui s'engageait dans cette Société ne s'appartenait plus, et que ces associations étaient, en quelque sorte, autant d'États dans l'État.

Quelques-uns de ces clubs parurent même tenir à honneur d'appeler, par la violence de leur langage, le retour des scènes sanglantes et hideuses qui ont si malheureusement déshonoré notre première révolution. De ce nombre était le CLUB DE LA MONTAGNE (1), établi dans les vieux bâtiments de la Sorbonne. Pour fournir au lecteur une idée de l'esprit qui prévalait dans les discussions de ce club, nous rappellerons le fait suivant qui eut lieu à l'une des dernières séances :

Un membre demande la parole. « Je propose, dit-il, la candidature d'un « citoyen que je ne connais pas, mais qui était au premier rang lors de l'en-« vahissement de la chambre des députés, le 24 février. C'est lui qui, armant « son fusil et couchant en joue la duchesse d'Orléans, détermina sa fuite. »

Des acclamations nombreuses accueillirent cette candidature. Un citoyen osa pourtant faire observer qu'une tentative d'assassinat ne lui paraissait pas un titre suffisant pour être élu Représentant du peuple. Aussitôt des huées et des sifflets lui coupèrent la parole et l'obligèrent à quitter la tribune. Un homme qui portait au bras une plaque de gardien de Paris, lui succéda immédiatement ; il appuya la candidature proposée, et s'écria en terminant : « Les paroles que vous venez d'entendre prouvent que déjà la « réaction lève audacieusement la tête. Citoyens, il faut nous tenir sur nos « gardes : quant à moi, si les aristocrates ont l'air de vouloir se f.... de « nous, j'aurai bientôt fait de f.. .. ma plaque au diable et de reprendre mon « fusil. »

Voilà un échantillon des gracieusetés qui se disaient dans certains clubs. Mais pour être juste, il faut ajouter que dans plusieurs de ces réunions, nous avons entendu émettre de nobles et généreuses idées. Nous citerons entre autres le CLUB DE LA DÉMOCRATIE PACIFIQUE, où quelques jeunes orateurs se faisaient remarquer par une hauteur de vues et une pureté de principes qu'il serait à désirer de voir chez tous les hommes qui s'occupent de politique et de progrès.

---

(1) C'est ce club que présidait, sous le nom de MICHELOT, le nommé Juin-d'Allas, ancien prêtre, condamné le 8 août 1848, par la cour d'assises de la Seine, à cinq ans de travaux forcés, et dont nous donnons le procès dans notre publication des *Drames judiciaires*, rédigée par M. Ch. Dupressoir.

TABLE DES MATIÈRES

TABLEAUX HISTORIQUES DE LA RÉVOLUTION DE 1848

	Pages.
Introduction	1
Les Étudiants à la place de la Concorde	9
Les Enfants de Paris aux Barricades	13
Massacre au Ministère des Affaires Étrangères	17
Le Char funèbre	19
Combat au Château d'Eau	21
Départ de Louis-Philippe	25
Le Christ	29
Séance de la Chambre des Députés	33
Le Peuple	41
Biographie des Membres du gouvernement provisoire	45
Clubs	61